BESTACTIVITYBOOKS.COM

Copyright © 2022 LINGUAS CLASSICS

PRIMERA EDICIÓN - 2022

Ilustración Gráfica Extra: www.freepik.com
Gracias a Alekksall, Starline, Pch.vector, Rawpixel.com, Vectorpocket, Dgim-studio, Upklyak, Macrovector, Stockgiu, Pikisuperstar & Freepik.com Designers

5 CONSEJOS PARA EMPEZAR

1) CÓMO RESOLVER LAS SOPA DE LETRAS

Los rompecabezas tienen un formato clásico:

- Las palabras se ocultan sin espacios ni guiones,...
- Orientación: Las palabras pueden escribirse hacia delante, hacia atrás, hacia arriba, hacia abajo o en diagonal (pueden estar invertidas).
- Las palabras pueden superponerse o cruzarse.

2) APRENDIZAJE ACTIVO

Junto a cada palabra hay un espacio para anotar la traducción. Para fomentar un aprendizaje activo, un **DICCIONARIO** al final de esta edición te permitirá comprobar y ampliar tus conocimientos. Busca y anota las traducciones, encuéntralas en el puzzle y añádelas a tu vocabulario!

3) MARCAR LAS PALABRAS

Puedes inventar tu propio sistema de marcado. ¿Quizás ya usas uno? También puedes, por ejemplo, marcar las palabras difíciles de encontrar con una cruz, las que te gustan con una estrella, las nuevas con un triángulo, las raras con un diamante, etc.

4) ESTRUCTURAR EL APRENDIZAJE

Esta edición ofrece un **CUADERNO DE NOTAS** muy práctico al final del libro. En vacaciones, de viaje o en casa, podrás organizar fácilmente tus nuevos conocimientos sin necesidad de un segundo cuaderno!

5) ¿HABÉIS TERMINADO TODAS LAS PARRILLAS?

En las últimas páginas de este libro, en la sección **DESAFÍO FINAL**, encontrarás un juego gratis!

¡Rápido y sencillo! Echa un vistazo a nuestra colección de libros de actividades para tu próximo momento de diversión y aprendizaje, ¡a sólo un clic de distancia!

Encuentre su próximo reto en:

BestActivityBooks.com/MiProximoLibro

En sus marcas, listos, ¡Ya!

¿Sabías que hay unas 7.000 lenguas diferentes en el mundo? Las palabras son preciosas.

Nos encantan los idiomas y hemos trabajado duro para crear libros de la más alta calidad para tí. ¿Nuestros ingredientes?

Una selección de temas adecuados para el aprendizaje, tres buenas porciones de entretenimiento, y luego añadimos una cucharada de palabras difíciles y una pizca de palabras raras. Los servimos con cariño y máxima diversión para que puedas resolver los mejores juegos de palabras y te diviertas aprendiendo!

Tu opinión es esencial. Puedes participar activamente en el éxito de este libro dejándonos un comentario. Nos encantaría saber qué es lo que más le ha gustado de esta edición.

Aquí hay un enlace rápido a tu página de pedidos:

BestBooksActivity.com/Opiniones50

Gracias por tu ayuda y diviértete!

Todo el equipo

1 - Ajedrez

```
Z T J T T W E D S T R Y D O
R O R K A M P I O E N D W M
E E K J O K U A R E G B L T
L R Ë W U P N K S N X Q L E
N N M L X D T S P S W H O L
C O U I S K E T E T I F R E
B O R O Y O A R L A T E S E
D I A G O N A A L N Y S W R
D W H R Z I T T L D D L R E
E W X P I N D E A E O I S B
O F F E R G K G S R B M C R
Y K Q V E A M I F S W A R T
H U Y J O S P E L E R G P N
K O N I N G I N W H I I G Q
```

OM TE LEER	TEENSTANDER
WIT	PASSIEWE
KAMPIOEN	PUNTE
WEDSTRYD	REËLS
DIAGONAAL	KONINGIN
STRATEGIE	KONING
SLIM	OFFER
SPEL	TYD
SPELER	TOERNOOI
SWART	

2 - Agua

```
N N G U O R X T G S N E E U
J O Z O R E Y P O T Q X E C
W S H S K Ë S P L O B M E B
M E E R A N J V W R Y I J B
K A N A A L K Z E T O I M P
S A H C N B K L P B K S X X
W N D R I N K B A A R Z K N
S Z H N S S T O O M R H Z G
O Q Y G P H R J M J A J D E
F A H U M I D I T E I T S I
R E A W O O B R V L O E D S
Y T E M Z H B O Z I I H T E
V E R D A M P I N G E F M R
B E S P R O E I I N G R B N
```

KANAAL	MEER
STORT	REËN
VERDAMPING	SNEEU
GEISER	OSEAAN
RYP	GOLWE
YS	DRINKBAAR
HUMIDITEIT	BESPROEIING
ORKAAN	RIVIER
KLAM	STOOM
VLOED	

3 - Granja #2

```
O H Q Y Q K X K E T B O E R
B K E L H O B O Y R E R A V
X O K R X S K A P E E B L M
V R O U D D K R T K N E T N
R I A R F E R K L K D S I Z
U N I T D C R K Q E V P S J
G G B Y E K O R F R X R Y P
T N V P P A L L A M A O G X
E E E J L Y A V R M C E R D
Y F J W G O M K J E W I O J
S K U U R A H Q N L K I E A
D I E R E K R K Y K A N N V
W E I D E J F S F F H G T T
J T N A R D F M N M T Q E P
```

BOER	LLAMA
DIERE	RYP
GARS	SKAPE
BYEKORF	HERDER
KOS	EEND
LAM	WEIDE
VRUGTE	BESPROEIING
SKUUR	TREKKER
BOORD	KORING
MELK	GROENTE

4 - Mueble

```
F B A D P M G B K U B M B B
T F A J L A O O U B Z M E V
Q O W N S T R E S T O E L U
J G I Z K R D K S P I E Ë L
M A T A B A Y R I T R Q Z E
F U T O N S N A N R A Z S U
H F G Z I C E K G O K T M N
H A N G M A T I U O K Z H S
L E S S E N A A R S E I V T
T A K T I P K P T T R R Y O
B G M B M A Y I C E I E C E
N P K P U F S K Y R B U P L
D L K U S S I N G S Q E X L
O U Q E P S E W D R H A D I
```

MAT
KUSSING
BANK
BED
KUSSINGS
MATRAS
GORDYNE
TROOSTERS
LESSENAAR

SPIEËL
BOEKRAK
RAKKE
FUTON
HANGMAT
LAMP
STOEL
LEUNSTOEL

5 - Pesca

```
R Y K A K E B E E N O Y Y T
S I O V B O O T Z B O W R M
T K V S E I S O E N R I A M
R G L I L A Y M A N D J I E
A E X M E E R J B N R P I K
N W Q O T R C Q U W Y L M S
D I S S W P E C A P W F S Q
S G H Q M A H R R Y I Z T H
V X B J E J T P N G N Q G D
Y Y I V I N N E T O G L K R
O S E A A N J N R H L Y M A
G E D U L D L V C C A A S A
T O E R U S T I N G V A G D
H H L K O O K I E W E I K T
```

WATER	HAAK
VINNE	MEER
BOOT	KAKEBEEN
KIEWE	OSEAAN
DRAAD	GEDULD
AAS	GEWIG
MANDJIE	STRAND
KOOK	RIVIER
TOERUSTING	SEISOEN
OORDRYWING	

6 - Aviones

A	V	T	L	B	B	L	A	A	S	P	B	A	Z
T	R	L	S	A	A	M	F	O	Q	A	R	V	O
M	I	H	I	B	N	L	H	Z	V	S	A	O	N
O	G	D	B	E	F	D	L	T	G	S	N	N	T
S	T	T	W	M	Ë	A	I	O	A	A	D	T	W
F	I	G	Q	A	S	N	V	N	N	S	S	U	E
E	N	Q	O	N	K	T	I	L	G	I	T	U	R
E	G	F	U	N	R	D	M	E	A	E	O	R	P
R	A	W	I	I	O	N	G	Y	R	R	F	P	P
P	L	Z	U	N	E	N	J	I	N	K	R	W	P
T	G	F	E	G	W	A	T	E	R	S	T	O	F
N	A	V	I	G	E	E	R	K	L	U	G	C	Q
G	E	S	K	I	E	D	E	N	I	S	E	S	G
H	O	O	G	T	E	V	O	W	T	U	Q	B	V

LUG   SKROEWE
HOOGTE   WATERSTOF
LANDING   GESKIEDENIS
ATMOSFEER   BLAAS
AVONTUUR   ENJIN
BRANDSTOF   NAVIGEER
RIGTING   PASSASIER
ONTWERP   VLIEËNIER
BALLON   BEMANNING

7 - Tipos de Cabello

```
E U C L D G K R U L L E Q G
K G Y R B E O A O K G P L Y
U G J C E S R M A X E G B G
I Z H S H O T B T L V L L D
S W A R T N Z P K P L J I P
T I U R W D C N J O E V N N
L F L L A N K D I K G Y K G
A N X W K V L E G S E L S C
S Y G U E D K D J L W L P R
W A D U N R G O L W E N D E
I B G H Q O B L O N D R O V
T X R T Y Ë B W S M C K Y Q
R A Y D E B R U I N G R Z D
C O S K R U L L E R I G E N
```

WIT	GOLWENDE
BLINK	SILWER
KAAL	KRULLERIGE
KORT	KRULLE
DUN	BLOND
GRYS	GESOND
DIK	DROË
LANK	SAGTE
BRUIN	GEVLEG
SWART	VLEGSELS

8 - Ciencia Ficción

```
B G R O B O T T E Z D G K T
O E F U T U R I S T I E S E
E H D U S I L L U S I E G G
K E R E A L I S T I E S E N
E I C Z N G E P V P S G B O
T M O R A K E L L E E K U L
E S U W T V B E N A R J Q O
A I I K O M J E H M N R B G
T N T R O S I D E F M E E I
E N E W M C W L E L E J E E
R I R V B R P X L Z D T M T
U G S U F A N T A S T I E S
A E T U U H E M L U G Y G J
S T E R R E S T E L S E L E
```

ATOOM	DENKBEELDIGE
TEATER	BOEKE
VERRE	GEHEIMSINNIGE
UITERSTE	HEELAL
FANTASTIES	ORAKEL
VUUR	PLANEET
FUTURISTIES	REALISTIESE
STERRESTELSEL	ROBOTTE
ILLUSIE	TEGNOLOGIE

9 - Juguetes

```
D D V F F O V M N V L S G D
Z W E S O L R O W L K P U M
F U R A E E A T S I O E N B
Z I B A L G G O K E C L S J
F X E O Y K M R A G X E T D
E X E T X A O O A T V T E X
R L L Z S A T B K U L J L Y
E Q D D T R O O U I I I I P
A P I U R T R T J G E E N Z
N Q N T E O B O O T Ë S G F
W A G H I T M O K L R Y A Q
P O P A N L J M E Z O M V F
V E R F F S M C E K L E I F
H A N D W E R K P T E D X L
```

SKAAK	GUNSTELING
KLEI	VERBEELDING
HANDWERK	SPELETJIES
VLIEGTUIG	BOEKE
BOOT	POP
FIETS	VERF
BAL	ROBOT
VRAGMOTOR	LEGKAART
MOTOR	DROMME
VLIEËR	TREIN

10 - Circo

```
N J K S U T I E R T D W A S
L U T O E L E E U O I M Y M
K O S T U U M N K W E U A S
J A H B T B W A T E R S K P
U L O J J O K R Y N E I R A
X W V Y A J W G Y A V E O R
V E R M A A K E Q A K K B A
O A U O Q S D B R R X J A D
T O E S K O U E R K M J A E
L E K K E R G O E D U E T O
T R U U K M O L I F A N T J
J O N G L E U R U Y Q N S C
B A L L O N N E J M G N W P
B L U M I I R Z U A A P S Q
```

AKROBAAT	TOWERKUNS
DIERE	TOWENAAR
LEKKERGOED	JONGLEUR
TENT	AAP
PARADE	WYS
OLIFANT	MUSIEK
VERMAAK	NAR
TOESKOUER	TIER
BALLONNE	KOSTUUM
LEEU	TRUUK

11 - Rellenar

```
Z V A T T F A I E G K P L H
O Z H P G V A L O Q O A A D
S B B Q S F F J F E E K A Z
G K U V K A R T O N V K I N
M G I D S K K Z S F E I S Z
P R S N G C R S W V R E Z G
G T E X K U Q J W A T Y V I
P E M W Q B O K S A M A F R
O R M P K P O T A S B V L D
G Q E C G B H R J U P U Q J
C V R J Q M A N D J I E W X
B O T T E L U D E Y T D R F
S W N U M S N N K D K M X X
Y J G Q M H N Z Y T D I T K
```

SKINKBORD	MANDJIE
BAD	EMMER
VAT	VAAS
SAK	TAS
BOTTEL	PAKKIE
BOKS	KOEVERT
LAAI	POT
GIDS	BUIS
KARTON	

12 - Granja #1

```
S H O E N D E R K H R Q W X
A O V A F O R H U E R R B F
D N K B C N X U N U V L Y G
E D K I D T P O S N H E E S
P E R D U W Q E M I E D L M
A G V M K A L F I N I P J D
K J B P A T O E S G N Q T M
H O O I T E D L G I I I S V
D Q E O K R A A I E N S T J
Y O H X O G C N T P G P V S
G O N Q E K C D M R X V Z A
P I O K I K Z B O K B T R O
K Y V N I F H O H W L A N D
R F Y Z X E T U G N L S K X
```

BYE	KAT
LANDBOU	HOOI
WATER	HEUNING
RYS	HOND
DONKIE	HOENDER
PERD	SADE
BOK	KALF
VELD	LAND
KRAAI	KOEI
KUNSMIS	HEINING

13 - Camping

```
B E R G X O M H V C J L Z B
B M S X T G O D Q G K A N O
O V A V O N T U U R O N G M
S F X Q X A I E M B M T V E
K A A R T T E N W A P E T T
A T U C O U S V S B A R Q G
J H H T E U G T M E S N D A
U Y O Q R R Q W E V K G I U
I D E V U U R Z E M U E E L
T T D O S T O U R K B W R H
Y C I Y T H A N G M A T E K
L A A V I H W D P F Q W R Y
H U J N N J I N E P X J W S
U Q E P G I J T C G S V W T
```

DIERE	VUUR
AVONTUUR	HANGMAT
BOME	INSEK
BOS	MEER
KOMPAS	LANTERN
KAJUIT	MAAN
KANO	KAART
JAG	BERG
TOU	NATUUR
TOERUSTING	HOED

14 - Fruta

```
H U B P O X C Y J S T G L P
A P P E L Z C I F U S B P A
O P B E S S I E R U P Q Y P
O R P R N E K T A R I E N A
Z X A E S N K K M L E K A J
X K X N L S M S B E S O P A
W C T R J K N A O M A E P K
M A N G O E O V O O N J E L
K E R S I E S O S E G A L A
S P A N S P E K S N U W C P
D R U I W E T A Y C M E M P
P E R S K E U D U P K L I E
I I W J D V R O X J U F C R
X P N L N O Q G B A K I W I
```

AVOKADO	APPEL
APPELKOOS	PERSKE
BESSIE	SPANSPEK
KERSIE	ORANJE
KLAPPER	NEKTARIEN
FRAMBOOS	PAPAJA
KOEJAWEL	PEER
KIWI	PYNAPPEL
SUURLEMOEN	PIESANG
MANGO	DRUIWE

15 - Geología

```
L V U L K A A N S A U G P W
S A P Q N O W X T U E E L I
U O A M I N E R A L E Y A O
U L U G J A I Q L H I S T A
R Z E T B I D X A L C E O A
K W A R T S C H G A V R U R
Y K A L S I U M M V O V M D
J L M C Z S S Y I A T X Z B
C I W G O M D P E R O S I E
J P Q R I N Y Z T A F X G W
Q F K O R A A L E N A N H I
M H A T K O N T I N E N T N
F O S S I E L O P Q C J W G
I O I K R I S T A L L E L Y
```

SUUR	FOSSIEL
KALSIUM	GEYSER
LAAG	LAVA
GROT	PLATO
KONTINENT	MINERALE
KORAAL	KLIP
KRISTALLE	SOUT
KWARTS	AARDBEWING
EROSIE	VULKAAN
STALAGMIETE	

16 - Plantas

```
B G U K P B K U N S M I S H
L R B L S F L A Z P M N L V
A A O I T P W O H F L O R A
R S O M B O O M M Q B O H R
E S N O O S A R O I O S O N
R D T P N S I O H W H Q G Y
P T J A B K W L G T J T S A
A H I P L A N T K U N D E X
O Y E P A K M E Y I R I K C
M X F A D T S B Y N B T F D
B O S H X U D W O R T E L P
R R Q S U S U U B E S S I E
O B L O M B L A R E S R K D
P L A N T E G R O E I H X K
```

BOOM	BOONTJIE
BAMBOES	KLIMOP
BESSIE	GRAS
BOS	BLAD
PLANTKUNDE	TUIN
KAKTUS	MOS
KUNSMIS	BLOMBLARE
BLOM	WORTEL
FLORA	SON
BLARE	PLANTEGROEI

17 - Suministros de Arte

```
O  B  B  F  P  K  L  E  I  D  E  E  S  K
L  G  H  X  A  X  Y  G  A  J  Z  S  G  A
I  M  U  H  P  A  C  W  I  K  S  G  G  M
E  E  P  U  I  T  V  E  Ë  R  R  L  G  E
Y  T  A  B  E  L  E  I  N  K  W  I  A  R
E  X  S  S  R  H  R  Q  E  O  A  O  E  A
D  S  T  O  E  L  F  S  N  H  T  C  K  L
B  B  E  B  O  R  S  E  L  S  E  H  L  P
T  V  L  L  G  R  Y  L  X  W  R  R  E  O
K  R  E  A  T  I  W  I  T  E  I  T  U  T
K  E  I  W  I  J  Z  Y  I  Q  F  T  R  L
M  K  P  F  S  M  C  J  S  P  N  Y  E  O
W  S  U  W  A  T  E  R  V  E  R  F  K  D
E  A  D  Z  P  K  F  G  O  M  Z  J  L  E
```

OLIE	KREATIWITEIT
AKRIEL	IDEES
WATERVERF	POTLODE
WATER	TABEL
KLEI	PAPIER
UITVEËR	PASTEL
ESEL	GOM
KAMERA	VERF
BORSELS	STOEL
KLEURE	INK

18 - Jardín

```
T L G B T W T E R R A S E V
W R L F U G R A S P E R K A
Q O A O I X W S L U O P D O
S S N M N U X G R A A F N X
L T V R P S R P R B H D W J
A O O E B O O M D O A N H E
N E N H P P L N H O N N B B
G P K G A G M I H R G D A L
A L R R M R E R E D M A N O
R V U A P Y K I I N A M K M
A F I S W A M F N G T U P R
G U D B O S L P I G P X K E
E R V A W H A P N H W H M I
W F A U A Y K N G W V U L A
```

BOS
BOOM
BANK
GRASPERK
DAM
BLOM
GARAGE
HANGMAT
GRAS
BOORD

TUIN
ONKRUID
SLANG
GRAAF
STOEP
HARK
GROND
TERRAS
TRAMPOLIEN
HEINING

19 - Países #2

```
O A F G F J G R Y B S G P O
O L R U S L A N D E O R O E
S B A S Z P B P J D E I R K
T A N T Y J L N A E D E T R
E N K T F U L C M N A K U A
N I R V Y H V E A E N E G Ï
R Ë Y E L A O S I M S L A N
Y I K T S R J M K A I A L E
K Z J H P X Z L A R R N W J
M E X I K O Y W I K I D L O
I N D O N E S I Ë E Ë E N J
R L W P F I E R L A N D T P
P A K I S T A N U G A N D A
E S A Ë A U S T R A L I Ë A
```

ALBANIË	JAPAN
AUSTRALIË	LAOS
OOSTENRYK	MEXIKO
DENEMARKE	PAKISTAN
ETHIOPIË	PORTUGAL
FRANKRYK	RUSLAND
GRIEKELAND	SIRIË
INDONESIË	SOEDAN
IERLAND	OEKRAÏNE
JAMAIKA	UGANDA

20 - Tecnología

```
S A K T V I R T U E L E L S
Z R A U R N E I I E W X V E
G F M V N T K O R P M L G K
T J E A B E E L F C G D R U
B K R J J R N B B N Q I E R
W O A B N N A U G A H G P I
Y H O T W E A D F V Z I E T
S Z C D L T R A F O N T B E
E K L E S E R T V R V A L I
R P E Ê L K T A C S I L O T
E D Z R E Z A X L I R E G K
V M L W M R V P P N U Y C Q
S A G T E W A R E G S F Z K
S T A T I S T I E K E O Q C
```

LÊER	NAVORSING
BLOG	BOODSKAP
GREPE	LESER
KAMERA	REKENAAR
WYSER	SKERM
DATA	SEKURITEIT
DIGITALE	SAGTEWARE
STATISTIEKE	VIRTUELE
FONT	VIRUS
INTERNET	

21 - Números

```
S  E  S  V  T  W  I  N  T  I  G  L  F  S
N  E  Q  Y  E  B  G  Q  X  S  G  H  P  E
E  D  S  F  K  E  C  N  U  L  S  F  A  W
G  K  X  T  I  D  R  I  E  T  W  E  E  E
E  N  N  W  I  N  H  T  O  F  A  R  M  N
Z  A  T  A  T  E  Q  T  I  D  G  O  A  T
R  M  H  A  S  L  N  U  A  E  M  V  G  I
V  Q  G  L  N  E  G  X  M  S  N  I  T  E
V  I  O  F  K  E  W  N  G  I  X  E  O  N
C  L  T  M  L  H  W  E  R  M  I  R  O  Q
K  U  I  A  G  T  I  E  N  A  Y  L  V  B
H  W  E  F  F  M  J  Y  P  L  B  S  X  H
C  C  N  E  G  E  N  T  I  E  N  W  W  N
D  E  R  T  I  E  N  V  Y  F  T  I  E  N
```

VEERTIEN	TWAALF
NUL	TWEE
VYF	NEGE
VIER	AGT
DESIMALE	VYFTIEN
NEGENTIEN	SES
AGTIEN	SEWE
SESTIEN	DERTIEN
SEWENTIEN	DRIE
TIEN	TWINTIG

22 - Mitología

```
K L W E E R L I G A K J S S
A E A P R G E I O R U A K K
Q G M B G R S B D G L L E E
N E N O I W K U E E T O P P
H N N O D R P M C T U E P S
E D S R O A I O R I U S I E
L E T T N A A N E P R I N L
D Q E U D K B S T E L E G N
C J R I E K N T G E D R A G
L P K G R S T E R F L I K E
E C T I W H S R R A M P W A
W O E N E K R Y G E R C D N
B P Y G E Y L C U K D R N A
F N L S R X Y M H E L D I N
```

ARGETIPE	KRYGER
JALOESIE	HELDIN
GEDRAG	HELD
SKEPPING	LABIRINT
OORTUIGINGS	LEGENDE
SKEPSEL	MONSTER
KULTUUR	STERFLIKE
GODE	WEERLIG
RAMP	DONDERWEER
STERKTE	WRAAK

23 - Ecología

```
H M P O V I F S M G R L D V
U G U T O Z M L B S F E I K
L L W D L R P A O T M N V O
P O H Z H G L O R R W C E K
B B T L O K A E L S A D R N
R A W F U L N E W E H R S A
O L H A B I T A T I T O I T
N E C U A M E B M P N O T U
N L Q N R A G E I L A G E U
E W M A E A R R E A T T I R
C D G C N T O G M N U E T L
M I X Q F V E E O T U S B I
F I S P E S I E S E R O S K
M A R I E N E G V H G M L E
```

KLIMAAT	NATUURLIKE
DIVERSITEIT	NATUUR
SPESIES	MARSH
FAUNA	PLANTE
FLORA	HULPBRONNE
GLOBALE	DROOGTE
HABITAT	VOLHOUBARE
MARIENE	OORLEWING
BERGE	PLANTEGROEI

24 - Casa

```
K H S S L A A P K A M E R I
O E I P T L T D R V M B U S
M M L R I D W G A R A G E O
B U A D S E Q T A K T O Z L
U U M F E U Ë B N V Q U G D
I R P Z E R T L S T O R T E
S B I B L I O T E E K E H R
B V Z L J S M U K A G G E L
E E I Q U F T I S C P U Q R
S N I P B D V N W X Q K S D
E S J T Y I L H E I N I N G
M T X A N O O V T K C C Q R Z
D E Q C H C E E E Y E F X H
Y R W K B L R Z F S Y C B W
```

MAT	KRAAN
SOLDER	TUIN
BIBLIOTEEK	LAMP
KAGGEL	MUUR
KOMBUIS	VLOER
SLAAPKAMER	DEUR
STORT	KELDER
BESEM	DAK
SPIEËL	HEINING
GARAGE	VENSTER

25 - Artes Visuales

```
P M E E S T E R S T U K I F
E O B E E L D H O U W E R K
N X R T S S K I L D E R Y P
V H G T W A S V C A Q K K E
E O J U R M A I S O X S U R
R U K P K E R A M I E K N S
N T R D K S T K L E I E S P
I S Y P O T L O O D P P T E
S K T W A E F I L M D P E K
F O T O K L E S E L I I N T
E O K E J L F T C A J N A I
U L Y E I I W C J N K G A E
Y M O B V N P U I X B S R F
C U Q A R G I T E K T U U R
```

KLEI	BEELDHOUWERK
ARGITEKTUUR	FOTO
KUNSTENAAR	POTLOOD
VERNIS	MEESTERSTUK
ESEL	FILM
HOUTSKOOL	PERSPEKTIEF
WAS	SKILDERY
KERAMIEK	PEN
SAMESTELLING	PORTRET
SKEPPINGS-	KRYT

26 - Escuela #2

```
L  I  O  N  D  E  R  W  Y  S  S  O  M  Z
O  I  H  Y  V  S  G  N  R  Q  P  N  C  L
P  O  T  L  O  O  D  F  W  I  E  D  H  J
S  J  Y  E  O  B  O  E  K  E  L  E  U  I
I  K  Z  E  R  K  X  C  I  E  E  R  A  R
K  P  Ê  S  R  A  X  F  F  Z  T  W  K  U
P  L  V  R  A  L  T  U  U  N  J  Y  A  G
G  V  E  S  D  E  V  U  R  H  I  S  D  S
J  H  B  R  E  N  N  X  U  I  E  E  E  A
H  B  I  I  E  D  G  Z  I  R  S  R  M  K
W  O  O  R  D  E  B  O  E  K  Z  Y  I  S
J  P  M  D  S  R  P  A  P  I  E  R  E  K
G  R  A  M  M  A  T  I  K  A  Q  P  S  P
R  E  K  E  N  A  A  R  B  U  S  S  E  S
```

AKADEMIESE	BOEKE
BUS	LITERATUUR
KALENDER	RUGSAK
WOORDEBOEK	REKENAAR
ONDERWYS	PAPIER
GRAMMATIKA	ONDERWYSER
SPELETJIES	KLERE
POTLOOD	VOORRADE
LEES	SKÊR

27 - Selva Tropical

```
I  B  O  T  A  N  I  E  S  E  S  D  G  Q
I  N  E  M  C  H  A  M  F  I  B  I  E  Ë
H  N  H  W  O  L  K  E  Z  W  T  V  M  J
N  E  S  E  A  I  K  D  L  G  H  E  E  P
C  E  B  E  E  R  N  A  T  U  U  R  E  M
R  R  N  V  K  M  I  I  X  M  W  S  N  Y
M  M  M  I  X  T  S  N  P  Z  L  I  S  K
R  E  S  P  E  K  E  E  G  T  I  T  K  L
O  O  R  L  E  W  I  N  G  W  H  E  A  I
W  A  A  R  D  E  V  O  L  L  E  I  P  M
I  V  S  O  O  G  D  I  E  R  E  T  M  A
A  Y  M  O  S  H  E  R  S  T  E  L  T  A
V  O  Ë  L  S  T  O  E  V  L  U  G  S  T
S  P  E  S  I  E  S  R  G  R  Z  O  U  X
```

AMFIBIEË	NATUUR
BOTANIESE	WOLKE
KLIMAAT	VOËLS
GEMEENSKAP	BEWARING
DIVERSITEIT	TOEVLUG
SPESIES	RESPEK
INHEEMSE	HERSTEL
INSEKTE	OORLEWING
SOOGDIERE	WAARDEVOLLE
MOS	

28 - Colores

```
V M D R I G B E I G E Y F X
I A C O C R R J O R A N J E
O G K O C O U J N Y K Z Z R
L E Z I L E I X P S T V P A
E N C O X N N S E P I A G K
T T B I N D I G O O E W T T
S A F Y D Q I E Z E Q R M B
I Y Q U O S W E P O Q W S L
A P Z B C J W L I X F Y Z O
A E X R L H R I E S P Z W U
N G N C L B S H N S W A R T
F B N M H G W I K J C I N O
S D X C L I I Y A P L U T S
Y P W E L H Y D H Z M R E N
```

GEEL
BLOU
BEIGE
WIT
SIAAN
FUCHSIA
GRYS
INDIGO
MAGENTA

BRUIN
ORANJE
SWART
PERS
ROOI
PIENK
SEPIA
GROEN
VIOLET

29 - Adjetivos #1

```
E E N Y V E N C A B D A G W
N K R R F I Z S B E Y M R T
T P S N B R G T S L B B O U
D M A O S S X A O A P I O N
Q O A N T T P D L N L S T D
W D N S A I I I U G R I V I
U E T K L O E G T R U E W H
A R R U E C Z S E I I U L E
K N E L T R X T E K M S L L
T E K D E E R L I K C E Q D
I L L I A R O M A T I E S E
E N I G O H P E R F E K L R
W C K S W A A R J O N G V O
E B W A A R D E V O L L E R
```

ABSOLUTE	BELANGRIK
AKTIEWE	ONSKULDIG
AMBISIEUSE	JONG
AROMATIESE	STADIG
AANTREKLIK	MODERNE
HELDER	DONKER
GROOT	PERFEK
EKSOTIESE	SWAAR
RUIM	ERNSTIG
EERLIK	WAARDEVOLLE

30 - Familia

```
O S F K K L E I N K I N D J
K S V N H B S Y W V B E B E
T V O O R O U E R O C E N V
M S R B R I S B R U V F B A
N O F Y T E T F M Y A T G O
I D E V A D E R L I K E O J
G T O D O K R V A D E R O V
G D L G E L T O O G O E M R
I A S H T R R X U U Y W O O
E F A O R E O J M S P M M U
N K I N D E R J A R E A A C
K I N D E R S Z T A N N I E
F N P Z B U L L T P O T N X
D D T B R O E R G K O D X C
```

OUMA	MOEDER
OUPA	KLEINKIND
VOOROUER	KIND
VROU	KINDERS
SUSTER	VADER
BROER	VADERLIKE
DOGTER	NIGGIE
KINDERJARE	NEEF
MA	TANNIE
MAN	OOM

31 - Disciplinas Científicas

```
S T E R R E K U N D E T D M
M T T Z P L A N T K U N D E
T E R M O D I N A M I K A T
V S B E B I O L O G I E M E
A U F G X M L C Y E U E I O
A E I A Q M U C N K Z O N R
V Q S N E U R O L O G I E O
P M I I V N D L U L S R R L
C H O K K O K O M O C K A O
H D L A H L L W L G E P L G
E S O S I O L O G I E F O I
M Y G Y H G I Q M E K P G E
I R I L T I A N A T O M I E
E M E M G E O L O G I E E E
```

ANATOMIE	MEGANIKA
STERREKUNDE	METEOROLOGIE
BIOLOGIE	MINERALOGIE
PLANTKUNDE	NEUROLOGIE
EKOLOGIE	CHEMIE
FISIOLOGIE	SOSIOLOGIE
GEOLOGIE	TERMODINAMIKA
IMMUNOLOGIE	

32 - Cocina

```
K B K X F B Z G F V L V K V
Y A E E P W F S A W E O H R
R K P K T B R A A I P O X I
K B N M E E D N E X E R S E
O V Q V E R L G F U L S P S
P B N F R S P O N S S K E K
P B V I W E S P O T W O S A
I E Y Q L R U E D L I O E S
E O O N D V Y S K A S T R V
S F L K G E J R E S E P Y U
S J S N V T K A Q A V Z E R
K O S S K E P L E P E L L K
E E T S T O K K I E S D N E
J B D F E T Y V L G F V V Q
```

KETEL	BEKER
KOS	EETSTOKKIES
VRIESKAS	BRAAI
LEPELS	RESEP
SKEPLEPEL	YSKAS
MESSE	SERVET
VOORSKOOT	POT
SPESERYE	KOPPIES
SPONS	BAK
OOND	VURKE

33 - Escuela #1

```
L C S M O M T E L E E R L L
O N D E R W Y S E R Q Z V E
W G C R P A P I E R U N G S
W I S K U N D E A Q I F H S
Q F B E S T O E L L Z S S E
M C J R M I D D A G E T E N
V M Q S K L A S K A M E R A
G R E K S A M E N S Q B B A
E P I Y R U A L F A B E T R
T P E E W I P G B B D B P S
A B Q N N A N T W O O R D E
L L K E N D D O P G E H O U
L B F K K E E O R Y P K H Z
E B I B L I O T E E K F E R
```

ALFABET	BOEKE
MIDDAGETE	MERKERS
VRIENDE	WISKUNDE
OM TE LEER	GETALLE
KLASKAMER	PAPIER
BIBLIOTEEK	PENNE
DOPGEHOU	ONDERWYSER
LESSENAAR	ANTWOORDE
QUIZ	STOEL
EKSAMENS	

34 - Adjetivos #2

```
N V R Z T S M F M T D B J O
O A Z L Q N I W N Q N R S P
R R T D R A M A T I E S O E
M S S U D E E T B A R E U Ë
A O B T U B E K E N D E T E
L E N W E R T C J H O R V L
E T L M P R L D U O M P B E
N U W E P C K I E H O O F G
P I T T I G E T K K E L L A
K R E A T I E W E E G M O N
O E G E S O N D T R O T S T
P R O D U K T I E W E T G H
I N T E R E S S A N T K T O
H S B E S K R Y W E N D E R
```

MOEG	INTERESSANT
EETBARE	NATUURLIKE
KREATIEWE	NORMALE
BESKRYWENDE	NUWE
DRAMATIES	TROTS
SOET	PITTIGE
ELEGANT	PRODUKTIEWE
BEKENDE	SOUT
VARS	GESOND
STERK	DROË

35 - Cuerpo Humano

```
S X W K K N I E U V R J W Q
X K P O O R P E V F L B V V
S B O P G Q M W N Z G K A Q
M K Y U V A C W A U Y X J S
L C B E E N S V X T O I B C
Y Q I L L R G I A X S I R T
I C A M K M N N S X D B C O
V K K B R H G G B D Q Y X R
A B L O E D E E N E K D W O
U S C O E V S R E N K E L O
H V S G C V I L U G T O N G
A A F M G J G Y S B A Z K H
N B R E I N K S B G O B D P
D E G T Z M O N D L K B A T
```

KEN	TONG
MOND	HAND
KOP	NEUS
GESIG	OOG
BREIN	OOR
ELMBOOG	VEL
HART	BEEN
NEK	KNIE
VINGER	BLOED
SKOUER	ENKEL

36 - Ciencia

```
O M D H E F E I T B L B T F
K M E T O D E J D X S K Y I
F O E S W N A T U U R E S S
U L L R M I N E R A L E Q I
W E T E N S K A P L I K E K
Y K J F O S S I E L U D C A
X U I E V O L U S I E P S K
X L E I I C A L F Z W L O L
X E S W A A R T E K R A G I
Q S L N X E Q T O J O N D M
H I P O T E S E O O G T A A
V V Z O R G A N I S M E T A
L A B O R A T O R I U M A T
E K S P E R I M E N T I U D
```

ATOOM
WETENSKAPLIKE
KLIMAAT
DATA
EVOLUSIE
EKSPERIMENT
FISIKA
FOSSIEL
SWAARTEKRAG
FEIT

HIPOTESE
LABORATORIUM
METODE
MINERALE
MOLEKULES
NATUUR
ORGANISME
DEELTJIES
PLANTE

37 - Dinosaurios

```
F C Y S P E S I E S B K H G
V O A A R D E G V B F A E R
E K S B E I P R O O I R R O
R R T S H O U O L S I N B O
D A K N I Y T O U E K I I T
W G V Z S E E T S P F V V T
Y T L R T N L W I S I O O E
N I E N O R M E E S M O O L
I G R E R E U S E S T R R I
N E K N I P C K T Y R E D J
G M E E E T I P E N B S R P
F G Z W S I T W F U R U R T
L G I X E E O M N I V O O R
J L P P Z L P Z O L R Z T B
```

VLERKE	REUSE
KARNIVOOR	OMNIVOOR
STERT	KRAGTIGE
VERDWYNING	PREHISTORIESE
ENORME	PROOI
SPESIES	REPTIEL
EVOLUSIE	GROOTTE
FOSSIELE	AARDE
GROOT	BOSE
HERBIVOOR	

38 - Restaurante #2

```
H G N I V V Y V P Q E A E P
E R S O U T A A N D E T E R
E O T L E Y S J V U R K B X
R E O M A D E O M T Z A W H
L N E X P A E I E R S L N H
I T L M G U I L C Q O A U K
K E Y N A N V X S J P K B O
E A V I S M I D D A G E T E
B I F F Y Z V G E U X L B K
T Z W L S Q R X J J H N H N
W A T E R R U X X G M E F M
L E P E L R G S M I J R F S
Y L P A D W T X R L F E N Q
J Z A T S P E S E R Y E U H
```

WATER	VRUGTE
MIDDAGETE	YS
DRANK	EIERS
KELNER	KOEK
AANDETE	VIS
LEPEL	SOUT
HEERLIKE	STOEL
SLAAI	SOP
SPESERYE	VURK
NOEDELS	GROENTE

39 - Profesiones #1

```
M A M B A S S A D E U R E Y
D U I B A R E D A K T E U R
A D S P P N E E B N A K Y G
N O G I I F K F Y G T V J E
S K T A K C X I I Q L Q U O
E T O N J A G T E R E Y W L
R E W I Q Q N J S R E M E O
G R B S M R Z T E G T D L O
B R A N D W E E R M A N I G
J W K A R T O G R A A F E O
L O O D G I E T E R J G R L
V E R P L E E G S T E R X Z
N S T E R R E K U N D I G E
P R O K U R E U R X S X G E
```

PROKUREUR
STERREKUNDIGE
ATLEET
DANSER
BANKIER
BRANDWEERMAN
KARTOGRAAF
JAGTER
DOKTER

REDAKTEUR
AMBASSADEUR
VERPLEEGSTER
LOODGIETER
GEOLOOG
JUWELIER
MUSIKANT
PIANIS

40 - Vehículos

```
D R P B A N D E B K P U F V
H T A X I U Y U O F V I M U
F E R E V L O T O W Z O E U
E H L E D I H K T G G P T R
R P S I K A R A V A A N R P
R E E D K K T L T Q V W O Y
Y N Y L D O E B F I E T S L
N D V E G F P R U K N R T W
O E N Q I Z H T Y S J E Z M
L L N H O O O F E D I I H O
A M B U L A N S L R N N E T
L X A Z V R A G M O T O R O
D U I K B O O T D L V R C R
V L I E G T U I G E L V A S
```

AMBULANS	FERRY
BUS	HELIKOPTER
VLIEGTUIG	PENDEL
VLOT	METRO
BOOT	ENJIN
FIETS	BANDE
VRAGMOTOR	DUIKBOOT
KARAVAAN	TAXI
MOTOR	TREKKER
VUURPYL	TREIN

41 - Vacaciones #2

```
T V F O T O S E Z V S G S R
E I K L N V B K A A R T A E
N S B U I T E L A N D E R I
T A E G V R S S V E E J C S
H Z S H A E P P T P I L C I
U A T A K I R S A R L E U H
P T E W A N E C D N A E D O
A A M E N I K L U L N N P T
S X M P S X I S E E D I D E
P I I Z I E N V N P P P N L
O N N J E N G H P K A P C G
O K G E M Q S V E R V O E R
R E S T A U R A N T O Y F L
T I M J H D C J H G N A T K
```

LUGHAWE	PASPOORT
TENT	STRAND
BESTEMMING	BESPREKINGS
BUITELANDER	RESTAURANT
FOTO'S	TAXI
HOTEL	VERVOER
EILAND	TREIN
KAART	VAKANSIE
SEE	REIS
ONTSPANNING	VISA

42 - Cumpleaños

```
V O M T E L E E R C J W T P
P R U V D A G F F B J Y X A
T D I R I A J O N G Q S T R
Y W T E N K A A R T E H S T
D M N U N K A L E N D E R Y
G B O G U D R L I E D I R T
E X D D W C E N M I E D A J
L V I E R I N G K E R S E I
U O G V U Z Y O E W M S C E
K Z I O N C X S Q S U V V X
K P N L D G M Q H Z K X S E
I Q G G U S J E Y I O E E I
G Q S P E S I A A L E X N X
J M P F H S P W Q O K W X K
```

VREUGDEVOL	UITNODIGINGS
VRIENDE	JONG
JAAR	PARTYTJIE
OM TE LEER	KOEK
KALENDER	GESKENK
LIED	WYSHEID
VIERING	KAARTE
DAG	TYD
SPESIAAL	KERSE
GELUKKIG	

43 - Baile

```
S G P X P S P R I N G Y X K
T R A D I S I O N E E L R L
R V C K J Q T V S O J L I A
E A R H W C P W L T K D T S
P K V E O K U N S V U F M S
E A E F U R Q Q M S L U E I
T D N U T G E R C E T T R E
I E N S B E D O Y D U X Y K
S M O X Q N Y E G R U I G E
I I O S Q A N H V R R L Q M
E E T F Y D V X O O A D K O
H V B E W E G I N G L F S S
N G G M M U S I E K P U I I
E K S P R E S S I E W E W E
```

AKADEMIE	GENADE
VREUGDEVOL	BEWEGING
KUNS	MUSIEK
KLASSIEKE	POSTUUR
CHOREOGRAFIE	RITME
KULTUUR	SPRING
EMOSIE	VENNOOT
REPETISIE	TRADISIONEEL
EKSPRESSIEWE	

44 - Matemáticas

```
R A D I U S V O L U M E D R
M E E T K U N D E H S Z E E
R G G R P Q V E D P F B S K
L Z L H Q B V D R A E H I E
V O B S O R U E I R E O M N
I I O H M E Q U E A R E A K
E D B D T U K R H L P K L U
R R H P R K I S O L H E E N
K W W U E E N E E B O L D
A T P J K P G E K L T B E E
N E K S P O N E N T X O G K
T D V E R G E L Y K I N G Z
E P A R A L L E L O G R A M
S I M M E T R I E T W B P S
```

REKENKUNDE	PARALLEL
HOEKE	PARALLELOGRAM
VIERKANTE	OMTREK
DESIMALE	LOODREG
DEURSNEE	VEELHOEK
VERGELYKING	RADIUS
SFEER	REGHOEK
EKSPONENT	SIMMETRIE
BREUK	DRIEHOEK
MEETKUNDE	VOLUME

45 - Restaurante #1

```
O M B E S T A N D D E L E B
U E A F K E L N E R I N H E
V N K N O Z R R C H Q X O S
M U E Z F O F V F J Y D E P
S E G H F A W L E Y E B N R
K O S O I L H E M T Z J D E
A N U Z E L A I O B L D E K
K A S S I E R S H F Y P R I
W W E R H R P I T T I G E N
Q O F N O G P L A A T S J G
K O M B U I S G G C J Y J L
K C B C G E M N A G E R E G
B R O O D X Z T E E D L O K
A J Z N N S V I M P Q R S E
```

ALLERGIE	BROOD
KOFFIE	PITTIGE
KASSIER	PLAAT
KELNERIN	HOENDER
VLEIS	NAGEREG
KOMBUIS	BESPREKING
KOS	SOUS
MES	SERVET
BESTANDDELE	BAK
MENU	

46 - Profesiones #2

```
J N Y C R A N I J F G T T B
T N N H K V B O J O Z A A I
F W D I L K E Z O T B N A B
I G X R U C U W E O I D L L
N E T U I N I E R G O A K I
G N F R T F F Y N R L R U O
E E I G V I H U A A O T N T
N E L R I Y W B L A O S D E
I S O G N O H N I F G M I K
E H S T D L F G S Z U X G A
U E O S E V L I E Ë N I E R
R E O J R S K I L D E R H I
C R F S P E U R D E R U L S
O N D E R W Y S E R W F N I
```

BIBLIOTEKARIS	UITVINDER
BIOLOOG	TUINIER
CHIRURG	TAALKUNDIGE
TANDARTS	GENEESHEER
SPEURDER	JOERNALIS
FILOSOOF	VLIEËNIER
FOTOGRAAF	SKILDER
INGENIEUR	ONDERWYSER

47 - Senderismo

```
S  S  N  J  B  E  R  G  Y  J  P  O  K  O
C  O  I  O  E  V  K  W  L  N  A  K  L  R
K  N  N  T  R  B  A  F  A  A  R  Z  I  I
M  R  U  R  A  H  M  E  B  T  K  J  M  Ë
N  Y  A  G  A  X  P  A  B  U  E  M  A  N
D  Y  Z  N  D  I  E  R  E  U  K  R  A  T
W  G  I  D  S  E  E  G  X  R  L  S  T  A
V  O  O  R  B  E  R  E  I  D  I  N  G  S
M  W  U  S  W  A  A  R  V  B  P  G  N  I
K  A  A  R  T  N  U  T  R  S  P  P  V  E
W  I  L  D  E  V  S  T  E  W  E  L  S  G
V  P  U  A  N  M  U  S  K  I  E  T  E  F
W  Q  I  A  P  W  P  D  Q  I  Q  S  A  V
M  O  E  G  J  F  S  W  E  Z  T  S  J  V
```

KRANS	BERG
WATER	MUSKIETE
DIERE	NATUUR
STEWELS	ORIËNTASIE
KAMPEER	PARKE
MOEG	SWAAR
KLIMAAT	KLIPPE
BERAAD	VOORBEREIDING
GIDSE	WILDE
KAART	SON

48 - Naturaleza

```
W O E S T Y N S F V R B B H
J U A R O Z E B M R I Y L E
S K O O N H E I D E V E A I
S K U I L I N G G E I N R L
D I N A M I E S L D E O E I
I F N E R O S I E S R O Q G
E F V P A L S A T A A D F D
R T P U T V C Y S M I S X O
E U L M R G Q R E E I A B M
H I S J O I J X R Y D A O W
Y K G T P Q G U K O P K S I
A R K T I E S E R O D L Z L
W O L K E G G N H Y Q I E D
P T A P S S E L U W W K H E
```

BYE	MIS
DIERE	WOLKE
ARKTIESE	VREEDSAME
SKOONHEID	SKUILING
BOS	RIVIER
WOESTYN	WILDE
DINAMIES	HEILIGDOM
EROSIE	RUSTIGE
BLARE	TROPIES
GLETSER	NOODSAAKLIK

49 - Conduciendo

```
L L V R V R A G M O T O R V
K I U E E E D P M T N N M O
A S S M R M R W O S N G A E
B E A O M K M V T T U E Z T
U N G T W H E E O D B L L G
S S W O G P I E R E S U E A
B I L R A O O P R I R K M N
V E E F S P O E D D O M S G
P O L I S I E V G A R A G E
K J V E I L I G H E I D E R
A J F T T O N N E L G L V Q
A G D S T R A A T E Q T A E
R J Z B R A N D S T O F A F
T I F P O Y Y G B J O C R Z
```

ONGELUK	KAART
BUS	MOTORFIETS
STRAAT	VOETGANGER
VRAGMOTOR	GEVAAR
MOTOR	POLISIE
BRANDSTOF	VEILIGHEID
REMME	VERVOER
GARAGE	VERKEER
GAS	TONNEL
LISENSIE	SPOED

50 - Ballet

```
G V R O R K E S M Z O S C I
E A P P L O U S U O E P E N
B A D A N S E R S P F I K T
A R K O M P O N I S E E S E
A D B Z V V V I E T N R P N
R I D A E L F T K Y K E R S
A G W Q L P S U J L A H E I
T H F O Q L R O J I C B S T
G E H O O R E W U V F T S E
H I R O L F H R I T M E I I
U D C R E P E T I S I E E T
T U R F S B J C B N U R W F
A R T I S T I E K E A H E E
C H O R E O G R A F I E W Y
```

APPLOUS
ARTISTIEKE
GEHOOR
BALLERINA
DANSERS
KOMPONIS
CHOREOGRAFIE
REPETISIE
STYL
EKSPRESSIEWE

GEBAAR
VAARDIGHEID
INTENSITEIT
LESSE
SPIERE
MUSIEK
ORKES
OEFEN
RITME

51 - Aventura

```
V O O R B E R E I D I N G A
R B E S T E M M I N G N R K
E E X X I K N Z D N P U F T
U G I P Z V A B A V R W N I
G E I S D X V C P E O E Y W
D V U C P N I Y P I B I J I
E A H I I L G T E L L B H T
N A T U U R A V R I E N D E
S R F S U Z S N H G M D M I
S L V Q H P I T E H E Y A T
T I R K X K E Z I E Y N F C
G K F R O X F R D I K A N S
O N G E W O N E I D R E I S
S K O O N H E I D Q V U E O
```

AKTIWITEIT
VREUGDE
VRIENDE
SKOONHEID
BESTEMMING
PROBLEME
ONGEWONE
REISPLAN
NATUUR

NAVIGASIE
NUWE
KANS
GEVAARLIK
VOORBEREIDING
VEILIGHEID
DAPPERHEID
REIS

52 - Pájaros

```
M W Q E C F I S H P Q M P O
J J F U O C H B L N G O E O
V O L S T R U I S U S S L I
G A N S E E N D U I F S I E
P F L A M I N G O K F I K V
I A I Z E E E K E R H E A A
K A P Y E R Y R P A G J A A
K A H E U H A W K A E A N R
E Z R P G P S Y E I K V T D
W L R E I A W R T H I L O U
Y S N H N B A K O E K O E K
N C T M Z D A I P I F H K P
A N U H O E N D E R H B A R
T Y S D R U H B T K Q D N J
```

VOLSTRUIS	MOSSIE
AREND	HAWK
OOIEVAAR	EIER
SWAAN	PAPEGAAI
KOEKOEK	DUIF
KRAAI	EEND
FLAMINGO	PELIKAAN
GANS	PIKKEWYN
REIER	HOENDER
MEEU	TOEKAN

53 - Surf

```
S N G O W E E R I F S G X G
K L E S K A R E S B P R E T
U G W E D A M A A G U X L K
I U I A S T M S H Y I W S G
M K L A Q E S P Z H T S X U
I V D N J X C O I N Z T Z V
V B E G I N N E R O K Y J P
S T R A N D C D G E E L D S
K U I T E R S T E O V N D T
E V V L X U L V G S L W T E
Z E U E K N X R U W P F S R
T C P E T C P W U O D D Q K
O W L T L X R H F V F D V T
C Z M D P I H H W B N U J E
```

RIF	STERKTE
ATLEET	SKARES
KAMPIOEN	OSEAAN
WEER	GOLF
PRET	STRAND
SKUIM	GEWILDE
STYL	BEGINNER
MAAG	SPUIT
UITERSTE	SPOED

54 - Geografía

```
S G W U R H O E V J N K S M
R U K O N T I N E N T A T E
I Q I D E H O O G T E A R R
V W N D W E S Q W J H R E I
I N A B K E L B B B L T E D
E A V K X L N A S X A P K I
R T F D F A G F T H N H T A
Q L S S O L N E A I D O J A
H A B S N O O R D Q T P A N
R S F S E E I L A N D U T Z
J J M W G E B I E D G E D S
J L L E N G T E G R A A D E
H A L F R O N D R Y R F T Y
M M V V M R R S Z G Q U M X
```

HOOGTE	MERIDIAAN
ATLAS	BERG
STAD	HEELAL
KONTINENT	NOORD
HALFROND	WES
EILAND	LAND
LATITUDE	STREEK
LENGTEGRAAD	RIVIER
KAART	SUID
SEE	GEBIED

55 - Deportes

```
K  B  L  J  R  H  R  G  O  S  B  W  R  G
T  A  F  R  I  G  T  E  R  P  U  E  Y  I
F  S  M  R  H  Z  Q  S  M  E  A  N  G  M
S  K  G  P  A  F  X  Z  P  L  H  N  T  N
T  E  Y  F  I  E  T  S  G  A  W  E  T  A
A  T  Z  U  O  O  B  F  V  H  N  R  V  S
D  B  G  B  R  V  E  Z  A  Z  O  N  Y  I
I  A  U  S  M  Y  W  N  P  H  U  L  A  U
O  L  E  G  Y  G  E  B  S  O  F  N  F  M
N  H  Z  S  Z  V  G  O  P  K  E  T  Z  A
A  T  L  E  E  T  I  F  E  K  A  Z  Y  C
T  E  N  N  I  S  N  B  L  I  D  P  W  X
S  L  G  A  N  I  G  A  E  E  P  Q  C  Z
C  D  X  S  W  K  X  L  R  U  I  R  R  K
```

ATLEET	WENNER
BASKETBAL	GIMNASIUM
BOFBAL	GHOLF
FIETS	HOKKIE
KAMPIOENSKAP	SPEL
AFRIGTER	SPELER
SPAN	BEWEGING
STADION	TENNIS

56 - Actividades

```
T O W E R K U N S K P A L G
C V C K S K I L D E R Y I R
H I A W U P U X Y R Y S V U
A S T U M N I P B A S T A P
J V R Q Y B S L M M V V A S
N A A L D W E R K I J P R P
S N G E G E Z L R E I L D E
N G Y O A X U X A K V E I L
O N T S P A N N I N G S G E
A K T I W I T E I T G I H T
H A N D W E R K C R R E E J
F O T O G R A F I E R R I I
R A A I S E L S B R E I D E
T U I N M A A K L E E S U S
```

AKTIWITEIT	SPELETJIES
KUNS	LEES
HANDWERK	TOWERKUNS
JAG	ONTSPANNING
KERAMIEK	VISVANG
NAALDWERK	SKILDERY
FOTOGRAFIE	PLESIER
VAARDIGHEID	RAAISELS
BELANGE	STAP
TUINMAAK	BREI

57 - Verduras

```
L R W P Z H T G E M M E R A
K N O F F E L A V K E X Q R
T M G K O M K O M M E R C T
B R O C C O L I Z A Y S L I
S A M P I O E N O R T P M S
N B G Q S E L D E R Y I Y J
P Y T M W R I J M A D N E O
A A R T A P P E L A P A S K
M B A A V A S Z R P X S T W
U G D U Q M S L V V Q I S O
Z K Y U W P J J A N R E E R
K O S Z Z O L Y F A O U G T
S A T G S E V Q B F I I G E
P S L Q R N E R T J I E I L
```

KNOFFEL	GEMMER
ARTISJOK	RAAP
SELDERY	OLYF
EIERVRUG	AARTAPPEL
BROCCOLI	KOMKOMMER
PAMPOEN	RADYS
UI	SAMPIOEN
SLAAI	TAMATIE
SPINASIE	WORTEL
ERTJIE	

58 - Instrumentos Musicales

```
Z N M H Y L Y Q K H O B O V
G K L A V I E R I A V K T E
G O N G R W A J T R H L V A
Q T F L U I T H A M G A N E
B J T F O K M I A O L R R W
A E G B A C E B R N Y I R P
S L X A B G W P A I Z N Q E
U L N N R E O I L C L E D R
I O O J N E Z T H A J T Y K
N Q U O S A K S O F O O N U
D R O M T R O M B O N E Y S
M A N D O L I E N P J O D S
T A M B O E R Y N W B X B I
P R Q E P S M A V I O O L E
```

HARMONICA	HOBO
HARP	TAMBOERYN
BANJO	PERKUSSIE
KLARINET	KLAVIER
FAGOT	SAKSOFOON
FLUIT	DROM
GONG	TROMBONE
KITAAR	BASUIN
MANDOLIEN	VIOOL
MARIMBA	TJELLO

59 - Escalada

```
N N D H A N D S K O E N E S
X W A R J A N H E K N R J E
O G I D S E Z L N H A M E W
P F J D M T P U N O E A N Q
L I S M A M A P E O N L R G
E S Y O L Z T P R G A Q M T
I I A J I I G L E T V H B F
D E J S T E R K T E B S E T
I S S M S P O B Y X I T S E
N Y V P G A T M O S F E E R
G K H O A Y L L U I Z W R R
S T A B I L I T E I T E I E
U M L K S C K W A K C L N I
G Y A Q P T X K X M H S G N
```

HOOGTE	OPLEIDING
ATMOSFEER	STERKTE
STEWELS	HANDSKOENE
HELM	GIDSE
GROT	BESERING
STABILITEIT	KAART
SMAL	STAP
KENNER	TERREIN
FISIES	

60 - Mascotas

```
A I K O S K I L P A D D K K
Z E U O T Q P X E P P T R L
B O K S E B O A C I R R A O
R R M R R I T B P C B Z A U
V H V F T T E W V E L A G E
C T X V H K S A I F G X N U
U E Z G K A N T S S L A H D
V E E A R T S E Q U W Q A Z
M F W W X J U R C Y R D M I
E I X K H O N D J I E R S F
C S N A K K E D I S U M T L
T O P T H A A S Q S X U E K
M E X B W Z P V Q R C I R P
Z Y D H O N D U I C C S D I
```

WATER	HAMSTER
BOK	AKKEDIS
HONDJIE	PAPEGAAI
STERT	POTE
KRAAG	HOND
KOS	VIS
HAAS	MUIS
LEIBAND	SKILPAD
KLOUE	KOEI
KAT	VEEARTS

61 - Formas

```
K J Z M R A D K K Z L T N P
N A S Z D Z D U C U X T B R
E M N P M Z R R P H B I E I
Z R H T W T E W M U A U A S
S J I F E E G E U K Q Y S M
S F P M R L H S I R K E L A
I Z E V M L O J R H A L L D
L G R E V I E R K A N T E R
I F B E R P K L N B T A H I
N B O L K S K E Ë L L C H E
D I O H T M N B O Y N X D H
E E L O O V A A L N R T D O
R J R E P I R A M I D E D E
K X Z K H O E K K O F C H K
```

LNR	HOEK
KANTE	HIPERBOOL
SILINDER	KANT
SIRKEL	LYN
KEËL	OVAAL
VIERKANTE	PIRAMIDE
KUBUS	VEELHOEK
KURWE	PRISMA
ELLIPS	REGHOEK
SFEER	DRIEHOEK

62 - Flores

```
H  S  T  U  L  P  V  B  D  Q  R  O  S  E
P  F  J  X  E  P  O  O  B  O  M  C  M  B
L  A  G  I  L  A  V  E  N  T  E  L  A  U
K  E  P  Z  Q  S  I  K  K  I  I  I  D  Y
L  C  L  A  T  S  S  E  Q  E  Y  L  E  L
A  A  O  I  W  I  B  T  A  P  S  A  L  D
W  L  R  C  E  E  M  A  G  N  O  L  I  A
E  E  G  R  T  B  R  J  A  Q  N  J  E  Y
R  N  I  P  D  L  H  A  R  I  N  A  F  P
N  D  D  I  P  O  T  S  D  D  E  K  I  F
G  U  E  O  M  M  H  M  E  R  B  H  E  N
U  L  E  E  Y  H  O  Y  N  O  L  D  I  A
B  A  X  N  N  C  E  N  I  A  O  Y  H  I
H  I  B  I  S  K  U  S  A  U  M  B  A  T
```

PAPAWER	MAGNOLIA
CALENDULA	MADELIEFIE
GARDENIA	ORGIDEE
SONNEBLOM	PASSIEBLOM
HIBISKUS	PIOEN
JASMYN	BOEKET
LAVENTEL	ROSE
LILA	KLAWER
LELIE	TULP

63 - Astronomía

```
S T E R R E B E E L D S Y I
J V D Q P K D C M C B U S L
Q M T D U L U J A V V P A K
V L F I E I A S A Q F E T O
L U G C Z H N N N H I R E S
H E E L A L N O E F Y N L M
A A R D E M L S X E Z O L O
T E L E S K O O P X T V I S
M E T E O O R Y O I R A E S
B E S T R A L I N G M U T M
S T E R R E S T E L S E L C
V E R D U I S T E R I N G H
V U U R P Y L U T D U P X Z
D A G S T E R R E W A G E G
```

LUG	STERREWAG
VUURPYL	PLANEET
STERREBEELD	BESTRALING
KOSMOS	SATELLIET
VERDUISTERING	SUPERNOVA
EQUINOX	TELESKOOP
STERRESTELSEL	AARDE
MAAN	HEELAL
METEOOR	

64 - Tiempo

```
B L F I J P W E E K P M F G
X O O M B L I K K L B I Y B
G M O V A N D A G O D D J K
T I Y L M A Q K O K F D K F
Y N S R S G N T J Q C A A G
G U B T G J J D M S V G L V
T U F D E K A D E N O E E U
F T S E E R A A F D O W N Q
E O F D U U R G R B R Y D H
Y E S S V T C D F L Q W E W
O K K Y J P S D V F I T R N
Z O G G E N D R G V A K X O
B M B A T C X W S Z A L S U
B S G Y C X P K K H N M Q E
```

NOU	VANDAG
VOOR	OGGEND
JAARLIKSE	MIDDAG
JAAR	MAAND
GISTER	MINUUT
KALENDER	OOMBLIK
DEKADE	NAG
DAG	KLOK
TOEKOMS	WEEK
UUR	EEU

65 - Paisajes

```
W  O  E  S  T  Y  N  R  I  V  I  E  R  V
R  A  M  E  E  R  E  I  L  A  N  D  T  F
G  I  T  E  M  G  Z  M  M  O  A  S  E  J
O  L  V  E  X  A  I  E  O  D  J  Y  N  X
G  T  E  I  R  M  R  B  E  R  G  S  G  A
R  O  V  T  E  V  G  I  R  N  C  B  X  G
O  E  U  Q  S  R  A  V  A  L  L  E  I  E
T  N  L  Y  T  E  M  L  S  S  B  R  D  Y
C  D  K  T  R  E  R  O  P  N  E  G  T  S
M  R  A  O  A  L  Z  I  N  G  O  X  E  E
U  A  A  B  N  O  N  U  H  D  F  G  X  R
X  D  N  N  D  J  K  D  I  K  I  S  W  A
S  K  I  E  R  E  I  L  A  N  D  N  Z  W
S  T  R  A  N  D  M  E  E  R  M  E  G  F
```

WATERVAL	SEE
GROT	BERG
WOESTYN	OASE
RIVIERMONDING	MOERAS
GEYSER	SKIEREILAND
GLETSER	STRAND
YSBERG	RIVIER
EILAND	TOENDRA
MEER	VALLEI
STRANDMEER	VULKAAN

66 - Días y Meses

```
A J A A R D O N D E R D A G
I U M T Y Q A Z O L X J Z J
Z N G V R Y D A G K E X S R
T I P U G J A N U A R I E X
N E X H S S T H V P Q L P C
O W D P M T H K T R V N T M
V Y I R A E U R X I W E E K
E S N Z A I X S J L O R M T
M F S O N D A G U V E O B C
B K D W D R K A L E N D E R
E B A P A Y J D I C S A R T
R S G B G S A T E R D A G M
M A A N D F E B R U A R I E
O K T O B E R X Z B G V T R
```

APRIL	MAANDAG
AUGUSTUS	DINSDAG
JAAR	MAAND
KALENDER	WOENSDAG
SONDAG	NOVEMBER
JANUARIE	OKTOBER
FEBRUARIE	SATERDAG
DONDERDAG	WEEK
JULIE	SEPTEMBER
JUNIE	VRYDAG

67 - Chocolate

```
S U I K E R I S T S N B G A
E A Q S O E T F E E Q E U N
Y P T U K L A P P E R S N T
J G E H A L T E M U P T S I
E K S O T I E S E A Y A T O
H A Y M F T K I T T H N E K
N L C O A R O M A O O D L S
E O M K K A N U X C N D I I
R R S W R P K A K A O E N D
N I J E B I T T E R O E G A
Y E K A R A M E L H T L E N
P Ë H E E R L I K E J P U T
W R E S E P O E I E R Q R F
A M B A G S M A N O C F K K
```

BITTER	HEERLIKE
ANTIOKSIDANT	SOET
AROMA	EKSOTIESE
AMBAGSMAN	GUNSTELING
SUIKER	SMAAK
KAKAO	BESTANDDEEL
GEHALTE	POEIER
KALORIEË	RESEP
KARAMEL	GEUR
KLAPPER	

68 - Barbacoas

```
A A N D E T E T H C A C O B
A Y S A T U J M Q O A O F C
B R A A I A O I V X N Q Y P
F E Q H K X M B D B W G M G
U Y D D S I F A M I L I E V
I S O M E R N I T M R N S R
E O J C M V D D Y I B J S A
Z U W I U R C P E P E R E W
X T E G S U Q W A R M S V I
S O U S I G D V P M S L Q T
R M R H E T N M A P J A S I
D H N W K E B X O P G A P H
F E C G S P E L E T J I E S
H O E N D E R A Z F Y E T N
```

WARM	MUSIEK
UIE	KINDERS
AANDETE	BRAAI
MESSE	PEPER
SLAAIE	HOENDER
FAMILIE	SOUT
VRUGTE	SOUS
HONGER	TAMATIES
SPELETJIES	SOMER

69 - Ropa

```
G O R D E L R M I A B V E H
L V O O R S K O O T L O E A
C J W N K K P Z J D O B A N
A R M B A N D U F H E M P D
V F F Q B O Y R G O S B A S
B A A D J I E S A E A R J K
H A L S S N O E R D N O A O
S N I H A F H R Y E D E M E
K T V F O O H P N F A K A N
O R G J I E V P V K L Z S E
E E C S V R T Y S F E N U F
N K V Y H E Q T R U I W N E
W Q T I D A J A S H K L G F
J U W E L I E R S W A R E M
```

JAS	JUWELIERSWARE
BLOES	MODE
SERP	BROEK
HEMP	PAJAMAS
BAADJIE	ARMBAND
GORDEL	SANDALE
HALSSNOER	HOED
VOORSKOOT	TRUI
ROK	AANTREK
HANDSKOENE	SKOEN

70 - Meditación

```
K  J  W  D  T  D  T  S  A  A  N  D  A  G
A  D  P  O  S  T  U  U  R  D  K  Z  Z  E
L  F  P  G  V  R  E  D  E  S  S  H  M  D
M  A  S  E  M  H  A  L  I  N  G  Y  Q  A
S  D  E  E  R  N  I  S  I  P  U  D  E  G
T  Y  H  S  F  S  G  E  D  A  G  T  E  T
I  P  W  T  X  P  P  L  M  N  H  O  W  E
L  K  G  E  L  U  K  E  L  U  W  R  V  S
T  O  M  L  T  K  Z  G  K  Y  S  X  Z  M
E  P  F  I  G  N  X  O  E  T  P  I  T  P
D  A  N  K  B  A  A  R  H  E  I  D  E  E
M  V  B  E  W  E  G  I  N  G  Y  E  N  K
D  U  I  D  E  L  I  K  H  E  I  D  F  L
D  E  M  O  S  I  E  S  N  A  T  U  U  R
```

AANDAG	BEWEGING
KALM	MUSIEK
DUIDELIKHEID	NATUUR
DEERNIS	VREDE
EMOSIES	GEDAGTES
GELUK	PERSPEKTIEF
DANKBAARHEID	POSTUUR
GEESTELIKE	ASEMHALING
GEDAGTE	STILTE

71 - Comedia

```
I P K S Y H P C L G M H V H
J M O O L T G E N R E U A S
P R P E L I A K M C Y M P O
A T T R N C M S G X L O P A
R G E H O O R P A F A R L F
O A L A F V P R H B G V O L
D K E K T R I E Z H V E U Y
I T V T J E G S N A A K S N
E E I R Q J R S A I B C G A
V U S I S K D I M S K X D R
P R I S U G E E P U I G F R
S N E E N Z O W R C L E U E
O J A I C Z X E E F R I M R
G R A P P I E S T R E Q D S
```

AKTEUR	HUMOR
AKTRISE	IMPROVISASIE
APPLOUS	SLIM
GEHOOR	PARODIE
GRAPPIES	NARRE
PRET	LAG
EKSPRESSIEWE	TEATER
GENRE	TELEVISIE
SNAAKS	

72 - Libros

```
H H B T R A G I E S D H V A
X L O U T E U R Z T U U E H
T I E Y V V E G E O A M R I
B T K P E M A K Q R L O T S
L E S E R Y K H S I I R E T
A R Q M S U O T C E T I L O
D Ê N V A P N H W J E S L R
S R L I M G T Y M S I T E I
Y E T R E L E V A N T I R E
J J G F L V K S G J O E W S
P O Ë S I E S Y K E G S P E
U A V O N T U U R R D E R X
J J J C G O D R K Z Y I F O
V I N D I N G R Y K E F G L
```

OUTEUR	LESER
AVONTUUR	LITERÊRE
VERSAMELING	VERTELLER
KONTEKS	BOEK
DUALITEIT	BLADSY
GESKRYF	RELEVANT
STORIE	GEDIG
HISTORIESE	POËSIE
HUMORISTIESE	REEKS
VINDINGRYKE	TRAGIES

73 - Nutrición

```
F Q E B J T W G B W K V X E
G E S O N D H E I D O E A H
E K R S J B D H G X O R S Z
U A G M O K D A E H L T S F
R L I Y E U W L S C H E E U
G O F E G N S T O N I R E P
O R S E G R T E N J D I E R
B I T T E R A A D K R N T O
I E O L W R O A S D A G B T
Y Ë F U I Q H U N I T X A E
L L D S G U E R G E E K R Ï
G E B A L A N S E E R D E E
D V O E D I N G S T O F P N
V I T A M I E N Q Q P X D E
```

BITTER	FERMENTASIE
EETLUS	VOEDINGSTOF
GEHALTE	GEWIG
KALORIEË	PROTEÏENE
KOOLHIDRATE	GEUR
GRAAN	SOUS
EETBARE	GESONDHEID
DIEET	GESOND
VERTERING	GIFSTOF
GEBALANSEERDE	VITAMIEN

74 - Bondad

```
O B B L R E S P E K F C M U
N A B I G E L U K K I G C I
T R E E E R L I K R C B R R
V M G F G Q N W K E U G L T
A H R D U G U R N H S I J N
N A I E B L T T L Z N W M E
K R P V B E T R O U B A A R
L T J O F A I H G M B J O A
I I H L S A G T E A A E W L
K G X L J F V D E C S R S N
L E P E P A S I Ë N T V I G
V R I E N D E L I K E O R I
A A N D A G T I G H X O X Y
V E R D R A A G S A A M D N
```

VRIENDELIKE	EERLIK
LIEFDEVOLLE	GASVRY
AANDAGTIG	PASIËNT
BARMHARTIGE	ONTVANKLIK
BEGRIP	RESPEK
GELUKKIG	SAGTE
BETROUBAAR	VERDRAAGSAAM
RUIM	NUTTIG
EG	

75 - Edificios

```
T  M  U  S  E  U  M  E  D  F  E  G  I  H
P  E  W  O  L  K  P  T  Y  P  N  A  N  O
P  E  A  T  O  R  I  N  G  I  I  R  F  S
K  L  S  T  E  R  R  E  W  A  G  A  U  P
N  Z  A  A  E  L  Q  S  S  H  U  G  Q  I
G  P  F  A  B  R  I  E  K  A  M  E  N  T
V  L  X  P  S  U  P  E  R  M  A  R  K  A
R  H  F  W  S  K  O  O  L  S  Y  R  O  A
P  G  X  Z  B  Y  U  H  O  T  E  L  S  L
K  A  J  U  I  T  G  U  V  A  V  A  H  C
W  O  O  N  S  T  E  L  R  D  E  V  U  N
L  A  B  O  R  A  T  O  R  I  U  M  I  B
A  M  B  A  S  S  A  D  E  O  M  E  S  H
K  A  S  T  E  E  L  N  V  N  V  P  I  A
```

KOSHUIS	PLAAS
WOONSTEL	HOSPITAAL
KAJUIT	HOTEL
KASTEEL	LABORATORIUM
AMBASSADE	MUSEUM
SKOOL	STERREWAG
STADION	SUPERMARK
FABRIEK	TEATER
GARAGE	TORING
SKUUR	

76 - Océano

```
P W O E G B K D O L F Y N D
A A L E A A P D K V C H H B
L L C A S P O N S T O R M O
I V G L A T C U W R O I E O
N I S E N G E F U R A F G T
G S G N T M C R I B D X U K
W K A O N Y V X N U Q G C O
B I R Y T C E K M Z F X E R
D L N W L I S E E K A T T A
K P A H Z D T S B R P W U A
T A L A E V A N Q A M P N L
T D E A B U P L F P J E A D
V W V I S O U T G J W Q S B
J E L L I E V I S E E Z I P
```

ALGE
PALING
RIF
TUNA
WALVIS
BOOT
GARNALE
KRAP
KORAAL
DOLFYN

SPONS
GETYE
JELLIEVIS
OESTER
VIS
SEEKAT
SOUT
HAAI
STORM
SKILPAD

77 - Ciudad

```
T S Y R E S T A U R A N T V
E L J Y T B L O E M I S T E
A W L S K O O L F U B U Y T
T I G T E F O F D S O N S R
E N B A K K E R Y E E I U B
R K G D L G W A D U K V P A
K E I I N E A W I M W E E N
T L N O Y L R Q E A I R R K
H U I N P I P Y R R N S M H
T G H N P R J D E K K I A R
H H J O I Z J F T G E T R N
M A A P T E E K U D L E K V
G W G U L E K H I H V I N G
N E R Z Q D L F N K G T N B
```

LUGHAWE	MARK
BANK	MUSEUM
KLINIEK	BAKKERY
SKOOL	RESTAURANT
STADION	SUPERMARK
APTEEK	TEATER
BLOEMISTE	WINKEL
GALERY	UNIVERSITEIT
HOTEL	DIERETUIN
BOEKWINKEL	

78 - Conservación

```
H A B I T A T W H O P G P Q
K K O H N V R A A R E I I Q
Y H P U J G U T T G R O E N
O Y L J B C O E G A H R G S
O M A Z O N H R O N X D A O
K M A N U Z Z I S I K L U S
L X G A P Z O N D E R W Y S
I W D E E K O S I S T E E M
M F O L W D G T H E R W I N
A N D H Q I K O M M E R L F
A V E R M I N D E R W A S B
T C R I W H Z G X B T U H R
V E R A N D E R I N G E I U
N A T U U R L I K E B B F G
```

WATER	NATUURLIKE
OMGEWING	ORGANIESE
VERANDERINGE	PLAAGDODER
SIKLUS	KOMMER
KLIMAAT	HERWIN
EKOSISTEEM	VERMINDER
ONDERWYS	GROEN
HABITAT	

79 - Exploración

```
X O Y Q U J J Y Q D R T R J
M O E D Y I C G S O E K E V
Q B O K U L T U R E U R R J
G Q N O O T E R R E I N R U
E X B W N N Y D O Q L C U I
V O E I A K T I W I T E I T
A M K L V D E D G J O N M P
A T E D D E U N E R W U T U
R E N E I Y R E L K B W E T
L L D D E K H R Y C K E X T
I E O M R N S P E O T I Q I
K E B H E R E I S T Z A N N
G R W O P W I N D I N G A G
O Y R B E P A L I N G Q R L
```

AKTIWITEIT
UITPUTTING
DIERE
OM TE LEER
SOEKE
MOED
KULTURE
ONBEKEND
ONTDEKKING
BEPALING

VERRE
OPWINDING
RUIMTE
TAAL
NUWE
GEVAARLIK
WILDE
TERREIN
REIS

80 - Campeonato

```
M S P A N J D C P S G Z O S
E O I B D J K M A T G Q D P
D J T F L I G A B R R P A E
A F R I G T E R W A E R P L
L G W N V D J G H T G E T E
J T T A H E J Z V E T S O T
E B V L P J R E L G E T E J
A A O I F X F I Q I R A R I
V I D S Z X E A N E S S N E
K A M P I O E N U G W I O S
H C B O C X D N K L E E O T
A T O R R K L F D I E A I I
V O E T L B A M J T T N N X
F R K A M P I O E N S K A P
```

KAMPIOENSKAP REGTER
KAMPIOEN LIGA
SPORT MEDALJE
AFRIGTER MOTIVERING
SPAN PRESTASIE
STRATEGIE TOERNOOI
FINALIS SWEET
SPELETJIES

81 - Actividades y Ocio

```
O S K I L D E R Y R L V D Q
C N A V I G E E R E L L X U
J V T X X P G D U I K U V T
Z J V S W E M K M S C G T E
F K S T P E Q X B S X B U N
R G T A E A E B B O O A I N
V H H P T N N A O K F L N I
I N K O P I E S K K K B M S
S J A D L E X K S E U W A K
V E M V J F L E N R N T A L
A N P T X S G T J W S S K G
N Z E U Z J Z B R V P B W X
G S E T R E P A I T F L V F
J V R C G M W L O J I E L F
```

KUNS	SWEM
BASKETBAL	VISVANG
BOFBAL	SKILDERY
BOKS	ONTSPAN
DUIK	STAP
KAMPEER	NAVIGEER
INKOPIES	TENNIS
SOKKER	REIS
GHOLF	VLUGBAL
TUINMAAK	

82 - Comida #1

```
I V R T L J I Z G K K D U W
Q O Z A X A O Q Z R A U U O
T U N A A S S A P U O A F R
I R E V T P P X M I M Y K T
O J W V K D I A Y S O U T E
P F Y L N W N Q D E E K J L
R D U E O I A D H M G A R S
S A H I F L S Y Z E J N R U
G H O S F J I S S N P E E I
A A R B E I E O Q T M E L K
M I B V L A Q P N U Z L E E
C B A S I L I E K R U I D R
X U I L W U Y S L A A I Y Q
S U U R L E M O E N P A N A
```

KNOFFEL	AARBEI
BASILIEKRUID	SAP
TUNA	MELK
SUIKER	SUURLEMOEN
KANEEL	KRUISEMENT
VLEIS	RAAP
GARS	PEER
UI	SOUT
SLAAI	SOP
SPINASIE	WORTEL

83 - Virtudes #1

```
D P G E J C Y O N B R O P B
O M A I W Y S E U E U N A E
E P B S V C O O U S I A S T
L R E J I F C C S L M F S R
T A S A A Ë C L K I J H I O
R K K R R I N O I S K A E U
E T E M T J M T E S A N V B
F I I A I A E D R E T K O A
F E E N S V E S I N H L L A
E S T T T G B R G D H I U R
N E T A I L O K D V U K U D
D O W Z E A E E N U T T I G
S N A A K S H I I S K O O N
Q I N T E L L I G E N T E D
```

PASSIEVOL	SNAAKS
ARTISTIEKE	ONAFHANKLIK
GOEIE	INTELLIGENTE
NUUSKIERIG	SKOON
BESLISSEND	BESKEIE
DOELTREFFEND	PASIËNT
SJARMANT	PRAKTIESE
BETROUBAAR	WYSE
RUIM	NUTTIG

84 - Literatura

```
N A G G F G Y K B W Q O A U
N N M N D I A L O O G U I M
H A E P K Y W O E S Z T T O
H L T H Z Q Z F K F L E P E
S O A T E M A W X H G U O W
B G F I K S I E J U U R Ë V
W I O X E T W R R G Z Z T A
R E O Y Q Y L S K E D T I N
V E R G E L Y K I N G M E E
X E Y F R I T M E F W G S K
U T M D Q A N A L I S E E D
O P I N I E F S L V K D F O
B E S K R Y W I N G D I X T
F V E R T E L L E R W G W E
```

ANALOGIE	METAFOOR
ANALISE	VERTELLER
ANEKDOTE	BOEK
OUTEUR	OPINIE
BIOGRAFIE	GEDIG
VERGELYKING	POËTIESE
BESKRYWING	RYM
DIALOOG	RITME
STYL	TEMA
FIKSIE	

85 - Baño

R B O R R E L S X J A Y G B
T L Y A L V S B W R L B S M
S T O O M B P A R F U U M K
Q K H T B V O R H L R Q A O
E N Ê Z I X N E D E V O T Z
X I V R P O S T R F T A O S
T O I L E T N K F H V J W T
N L X S S S E R T A O C P O
N I O J E E T A I N S X V R
B I W A T E R A Y D C N D T
Z G S M R W P N Q D U O Y G
J V B P K G C W M O E Q Z L
L Z C O M Q A Q A E J O V K
S P I E Ë L B A D K V J L D

WATER	SPONS
MAT	KRAAN
TOILET	SEEP
BAD	LOTION
BORRELS	PARFUUM
SJAMPOE	SKÊR
STORT	HANDDOEK
SPIEËL	STOOM

86 - Clima

```
D J A A Y W T O U C R P O B
G R T K S V W R C A E A R L
H B O C M L G F O N Ë K K I
P C R O W O D Q F P N W A K
W I N D G E K V O I I M A S
Y P A S Y D R O O G T E N E
H V D A T M O S F E E R S M
N P O W D O N D E R W E E R
P O L Ê R E R H P R O X G R
K L I M A A T M I S L Q W X
A U M J D S G O W A K P O A
L G T E M P E R A T U U R I
M S V D B O M T Q S O W V M
U Z V E Q L X Z I P T U Y E
```

ATMOSFEER	POLÊRE
KALM	BLIKSEM
LUG	DROOG
KLIMAAT	DROOGTE
YS	TEMPERATUUR
ORKAAN	STORM
VLOED	TORNADO
REËN	TROPIES
MIS	DONDERWEER
WOLK	WIND

87 - Comida #2

J A O A E E T A X P V S P S
P S D R U I W E J Y Z E I O
O L M T U J E K A A S L E N
G T Q I V I B R O O D D S N
K A N S L Q S S V J Y E A E
I M H J Y X I D I R N R N B
X A J O G U R T G L U Y G L
D T H K E G T L X X K G V O
K I M L M N A M A N D E L M
R E C K M P D E I E R I Q B
Y Y R S E T D E K O R I N G
S Y Q S R V H F R K I W I C
C P S F I S J O K O L A D E
B T A P P E L Z S I G X Y J

ARTISJOK	KIWI
AMANDEL	APPEL
SELDERY	BROOD
RYS	PIESANG
EIERVRUG	HOENDER
KERSIE	KAAS
SJOKOLADE	TAMATIE
SONNEBLOM	KORING
EIER	DRUIWE
GEMMER	JOGURT

88 - Castillos

```
Y W M C Z U R D H D R A A K
R X P Q W T W X M Z B K L W
W G X Y R O F Z W J A F E A
V F O F P R I N S P Y E B P
H E H R E I Y K U R L H U E
O O S R R N O K V I K Z F N
S D K T D G R R P N A U F R
K A R N I D I N A S T I E U
I L O E V N P J L E A L L S
L E O P D K G U E S P F H T
D P N B P E T T I M U U R I
R I D D E R L W S H L N B N
K O N I N K R Y K C T J N G
S W A A R D Z Q G W E S G P
```

WAPENRUSTING	VESTING
RIDDER	RYK
PERD	EDEL
KATAPULT	PALEIS
KROON	MUUR
DINASTIE	PRINSES
DRAAK	PRINS
SKILD	KONINKRYK
SWAARD	TORING
FEODALE	BUFFEL

89 - Arte

```
G B E E L D H O U W E R K S
O E S K E P V N Y W E K A K
N K Ï I J F L Q J T N L Y I
D P E N M W V D C G V A K L
E J O T S B U I O S O C E D
R D G Ë J P O F I G U U R E
W S O H S X I O W C D Q A R
E E Y J E I Y R L W I O M Y
R E U U R F E Z E P G D I E
P R V I S U E L E E E C E L
K L D K S O U D L I R L K T
E I S A M E S T E L L I N G
I K O M P L E K S W P I N Q
P N U I T D R U K K I N G C
```

KERAMIEK	BUI
KOMPLEKS	GEÏNSPIREER
SAMESTELLING	SKILDERYE
SKEP	POËSIE
BEELDHOUWERK	EENVOUDIGE
UITDRUKKING	SIMBOOL
FIGUUR	ONDERWERP
EERLIK	VISUELE

90 - Herboristería

```
P Q B M A R J O L E I N B B
I R T A R O M A T I E S E A
E D R A G O N I M S U H S S
T K R U I S E M E N T H T I
E G R L B M J T H O Z Z A L
R R T H L A V E N T E L N I
S O V A O R T U I N D W D E
I E L T M Y G E U R I A D K
E N T V I N K E L F L V E R
L N S E L P C P H H L Z E U
I N K N O F F E L A E D L I
E K U L I N Ê R E A L Z A D
O S A F F R A A N H N T Y H
O O P P B E S D F U C T E V
```

KNOFFEL	BESTANDDEEL
BASILIEKRUID	TUIN
AROMATIESE	LAVENTEL
SAFFRAAN	MARJOLEIN
GEHALTE	KRUISEMENT
KULINÊRE	PIETERSIELIE
DILLE	PLANT
DRAGON	ROOSMARYN
BLOM	GEUR
VINKEL	GROEN

91 - Verano

```
C T U I N A U S X E M N E I
F U Z P R H L C S G W H Z J
Q I D S P E L E T J I E S Y
D S S T R A N D V N H R E X
S U T D K Q W M M U S I E K
A K I E V R I E N D E N V A
N O E K R C Q E V N V N A M
D S O W E R F P S R B E K P
A W K Z U X E C D H E R A E
L V M I G E B D F Q D I N E
E Y T X D B O E K E Y N S R
K T S U E U Z W J M S G I K
O N T S P A N N I N G E E I
F A M I L I E R Y M R Z V W
```

VREUGDE	BOEKE
VRIENDE	SEE
DUIK	MUSIEK
KAMPEER	ONTSPANNING
KOS	STRAND
STERRE	HERINNERINGE
FAMILIE	SANDALE
TUIS	VAKANSIE
TUIN	REIS
SPELETJIES	

92 - Insectos

```
K M G S J M G P C N B E C Z
Q A A M P E R D E B Y O B K
S S K N K R P G G D E E O U
R K R K T G I K E W E R B N
M O T O E I U N C I C A D A
F E M P R R S B K F N V X A
Z N U L M B L X R A G S J L
V L S A I F A A V D A V C D
L A K N E I R F K N V N O E
O P I T T A W U R M L H C K
O P E L L E E X R U S W I O
I E T U E D H W I S R H E K
Z R Z I G Q I Q F M I E R E
U G Q S L A D Y B U G M R R
```

BYE	NAALDEKOKER
PERDEBY	MANTIS
PLANTLUIS	SKOENLAPPER
CICADA	LADYBUG
KAKKERLAK	MUSKIET
KEWER	MOT
WURM	VLOOI
MIER	SPRINKAAN
LARWE	TERMIET

93 - Especias

```
B L Y D G Y M K P E P E R G
I T E R I E A Q N R Z F Y E
T C F O A H U B K O M Y N M
T C W P I D I R X P F S B M
E S A F F R A A N J I F M E
R S O U T S F J P Z D V E R
N E U T M U S K A A T I K L
Z F W A F Q O X P I J N E L
T N S U U R E T R B A K R E
I P Y L I J T F I Z L E R S
A V K A N E E L K C J L I C
I N W F N C W W A U A M E E
R V Y N A E L T J I E H E U
T L Q S V A N I E L J E I I
```

SUUR	SOET
KNOFFEL	VINKEL
BITTER	GEMMER
ANYS	NEUTMUSKAAT
SAFFRAAN	PAPRIKA
KANEEL	PEPER
UI	DROP
NAELTJIE	GEUR
KOMYN	SOUT
KERRIE	VANIELJE

94 - Emociones

```
E V S I M P A T I E V O B X
E V E R V E L I N G E P T J
E D S R V R E E S P R G S B
O M B C L U M R K W L E W X
B L I S S I Z U G D E W D X
L I E F D E G S E V Ë O A X
T C B T V O N T S P A N N E
E V U E N T X I I E A D K K
E R E V L X H G V N O E B A
R E V R S L T H L C G W A L
H U R E R W L E H W S O A M
E G E D K A P I P B N E R O
I D D E W N S D U S J D G X
D E E A I N H O U D R E W O
```

VERVELING	WOEDE
DANKBAAR	VREES
VREUGDE	VREDE
VERLIGTING	ONTSPANNE
LIEFDE	TEVREDE
VERLEË	SIMPATIE
BLISS	VERRAS
KALM	TEERHEID
INHOUD	RUSTIGHEID
OPGEWONDE	

95 - Mediciones

```
Q D M S J Y R K K O K M S Y
K I L O M E T E R C I I E L
G E D N Q H R O Z R L N N L
S P E S K H G E N C O U T L
K T S V O L U M E F G U I U
N E I W P W D U I M R T M H
B E M R O U A G R A A D E O
R M A M E T E R O L M I T O
E J L N B M A S S A I M E G
E D E G Y F M L J B A T R T
D P W E T G R A M L V V E E
T B P W E Y E P M H R L L R
E N R I G L J X T C H N X P
Y A R G D W L E N G T E Z N
```

HOOGTE	LENGTE
BREEDTE	MASSA
BYTE	METER
SENTIMETER	MINUUT
DESIMALE	ONS
GRAAD	GEWIG
GRAM	DIEPTE
KILOGRAM	DUIM
KILOMETER	TON
LITER	VOLUME

96 - Barcos

```
M K G C K Z S K A N O B M A
A A T A O S E A A N N E E V
T J N C W F E M M A S M E L
R A Z Q L V Q W L R E A R O
O K L E N F M A U F G N R T
O L Q S A H T B N O E N H J
S P G E U Q F O M G T I A J
M A R I T I E M E A Y N B G
T T R L I F N B F P N G R P
F W Y B S K J H O E L K K P
T O U O C P I D W E R P E V
C I M O H C N K N N I R C R
Z M M T E R I V I E R N Y Z
M M S G V Y S E I L J A G H
```

ANKER	MATROOS
VLOT	MARITIEME
BOEI	MAS
KANO	ENJIN
TOU	NAUTISCHE
FERRY	OSEAAN
KAJAK	RIVIER
MEER	BEMANNING
SEE	SEILBOOT
GETY	SEILJAG

97 - Antártida

```
X E N R L W G R V C K B K A
C P I K K E W Y N E N E O A
R G G L E T S E R S D W N R
Y E K S P E D I S I E A T D
J S L L L N R W P J C R I R
M I G R A S I E O Y V I N Y
N V M I Y K E L C L K N E K
A K W B A A I N Z U K G N S
V O Ë L S P L I V U G E T K
O A Z P R L A R Y O D M W U
R V F Y M I N E R A L E A N
S G L P H K D J F T R W T D
E S K I E R E I L A N D E E
R O T S A G T I G E B M R E
```

WATER	NAVORSER
BAAI	EILANDE
WETENSKAPLIK	MIGRASIE
BEWARING	MINERALE
KONTINENT	WOLKE
EKSPEDISIE	VOËLS
AARDRYKSKUNDE	SKIEREILAND
GLETSERS	PIKKEWYNE
YS	ROTSAGTIGE

98 - Piratas

```
K E R A V L B L B I W Q S V
X Z U J L S L T A A N K E R
K O M P A S G U R B R A R R
A B X A G T K O L H Y A H E
P N A P J R I A U A M R U I
T H G E V A A R T D U T B L
E M Z G K N L E G E N D E A
I P E A S D G R O T T F X N
N O M A K L V A C N E N A D
H C L I T T E K E N U P A J
S W A A R D T G O H V T S R
F L F M H O U M T D T V N X
B E M A N N I N G E B G F O
V Z J J Y I A V O N T U U R
```

ANKER	PAPEGAAI
AVONTUUR	SLEGTE
VLAG	KAART
KOMPAS	MUNTE
KAPTEIN	GOUD
LITTEKEN	GEVAAR
GROT	STRAND
SWAARD	RUM
EILAND	SKAT
LEGENDE	BEMANNING

99 - Mamíferos

```
G C Q O K S C X D H V K T K
W O L F P E R D O O M A Z A
H Y R V B B V G L N E N U M
G O F I M R U E F D Z G G E
K T E W L A X N Y M O A A E
K E N B X L N B N W X R A L
O T Q W P K A M E E L O P P
L Q Y Y G J D O N K I E Z E
I G S W B U L N Z A R X W R
F Z U O L E J A K K A L S D
A B H Z M R E I Z L W S V J
N O H A S X K R Y P U V X F
T O L W A L V I S K A T U D
B L D G W S K A P E P H P S
```

WALVIS	KAT
DONKIE	GORILLA
PERD	KAMEELPERD
KAMEEL	WOLF
KANGAROE	AAP
SEBRA	BEER
HAAS	SKAPE
COYOTE	HOND
DOLFYN	BUL
OLIFANT	JAKKALS

100 - Abejas

```
S  V  V  O  O  R  D  E  L  I  G  E  G  S
W  A  S  K  O  N  I  N  G  I  N  K  U  T
E  G  Q  V  X  B  V  N  U  Y  K  O  H  U
R  O  O  K  L  B  E  N  S  N  N  S  E  I
M  G  K  K  I  H  R  D  K  E  L  I  R  F
V  R  U  G  T  E  S  Q  J  J  K  S  B  M
B  S  O  N  L  U  I  P  L  A  N  T  E  E
J  L  I  V  P  N  T  V  J  K  F  E  S  E
M  K  O  S  E  I  E  L  J  K  V  E  T  L
I  O  T  M  L  N  I  E  C  H  R  M  U  E
U  R  I  U  M  G  T  R  G  G  D  H  I  G
H  F  I  J  I  E  X  K  G  L  P  K  W  K
W  X  F  R  K  N  R  E  L  W  Z  X  E  A
G  B  L  O  E  I  S  E  L  A  F  E  R  E
```

VLERKE	VRUGTE
VOORDELIGE	ROOK
WAS	INSEK
KORF	TUIN
KOS	HEUNING
DIVERSITEIT	PLANTE
EKOSISTEEM	STUIFMEEL
SWERM	BESTUIWER
BLOEISEL	KONINGIN
BLOMME	SON

1 - Ajedrez

2 - Agua

3 - Granja #2

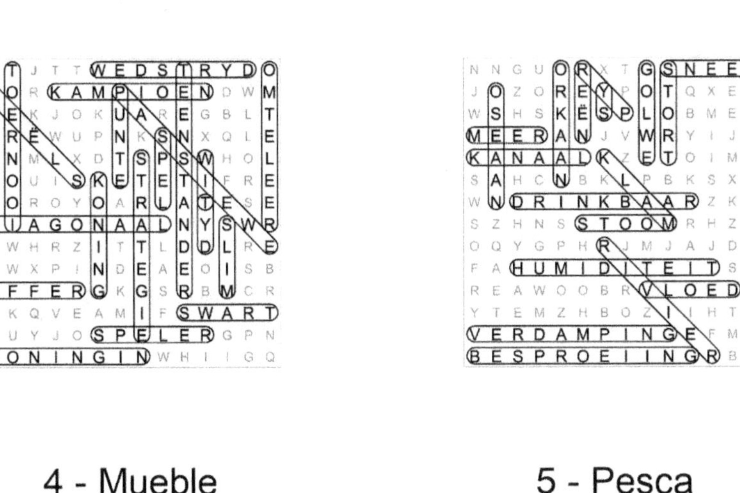

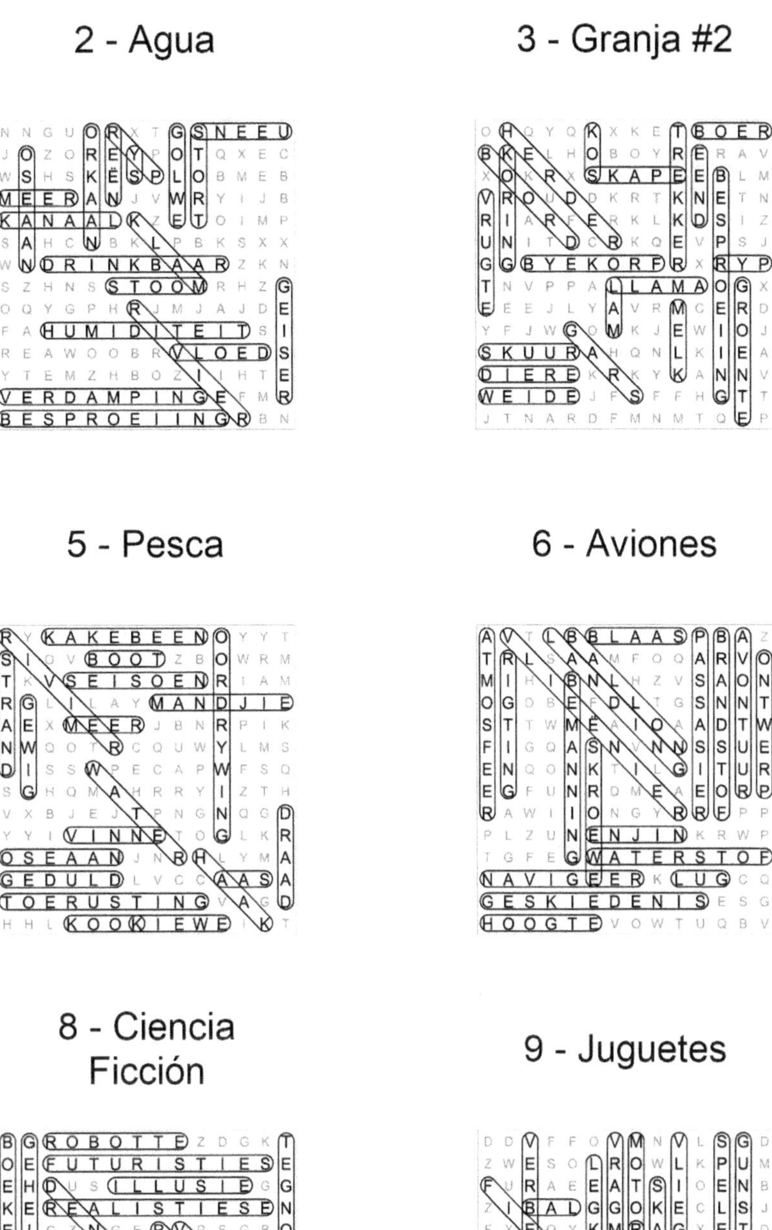

4 - Mueble

5 - Pesca

6 - Aviones

7 - Tipos de Cabello

8 - Ciencia Ficción

9 - Juguetes

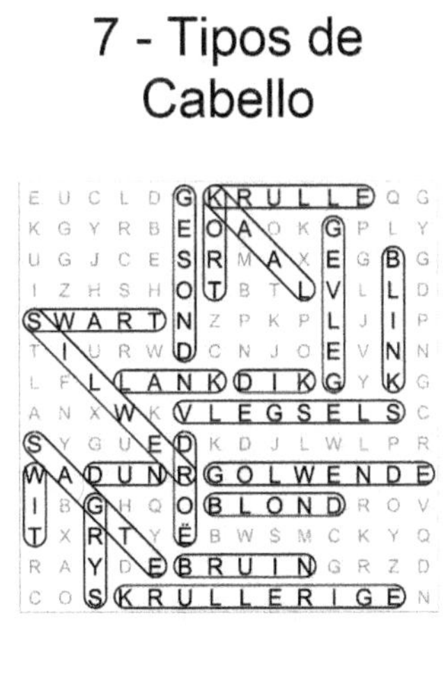

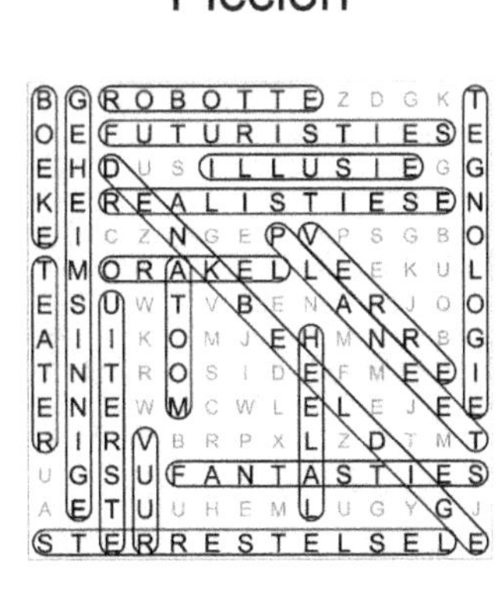

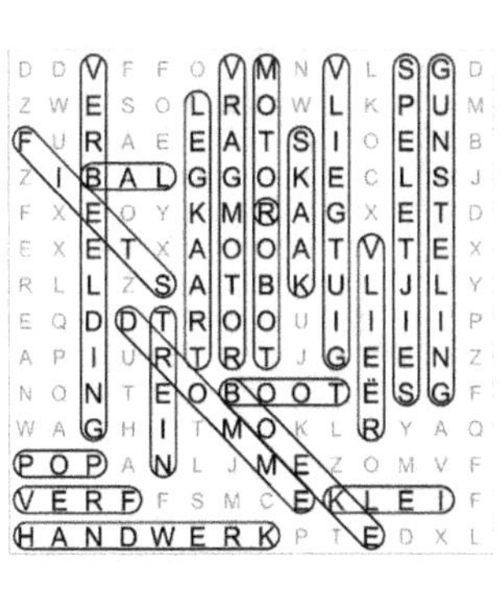

10 - Circo

11 - Rellenar

12 - Granja #1

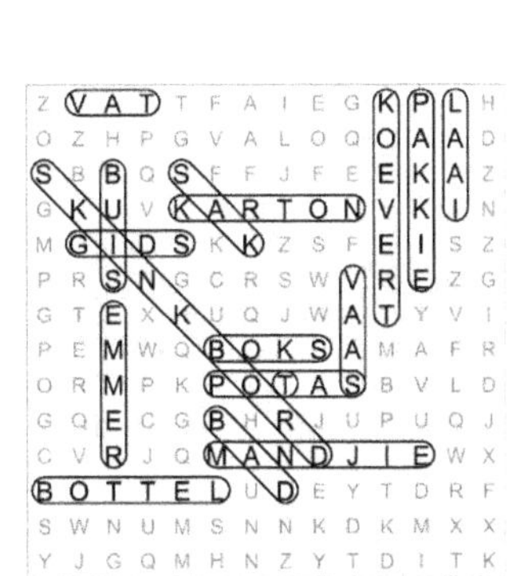

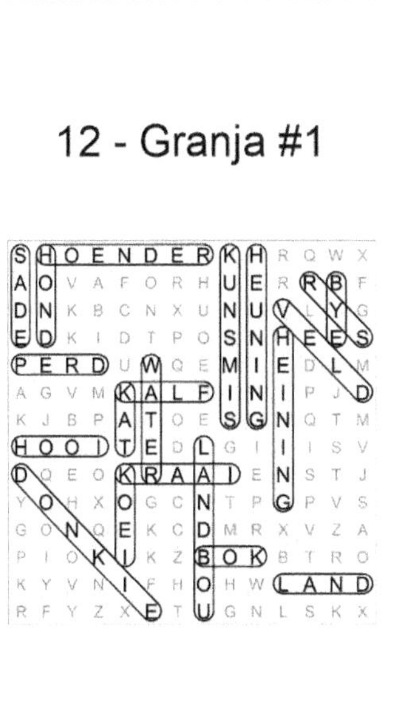

13 - Camping

14 - Fruta

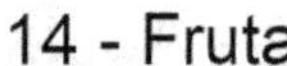

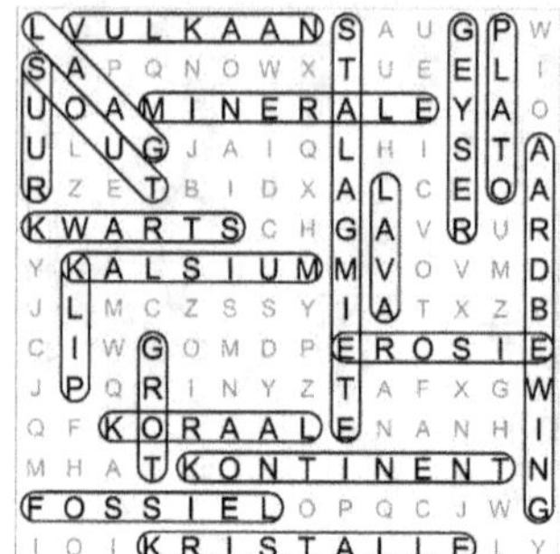

15 - Geología

16 - Plantas

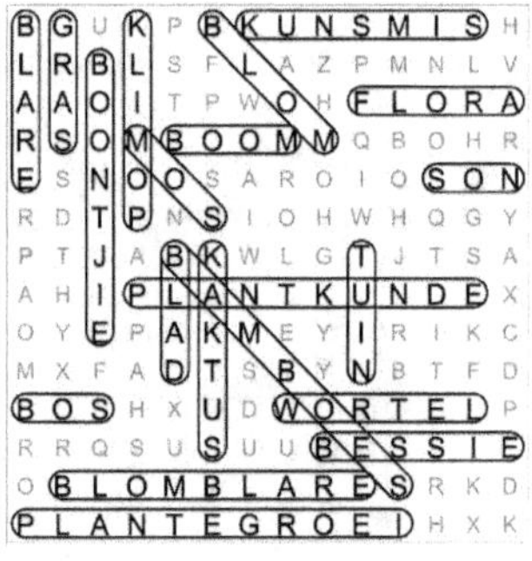

17 - Suministros de Arte

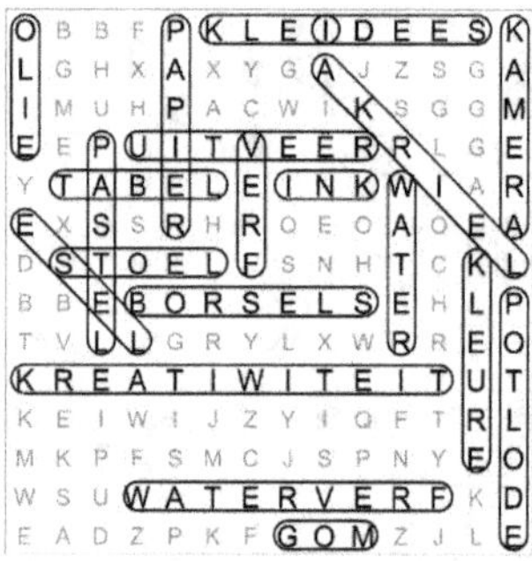

18 - Jardín

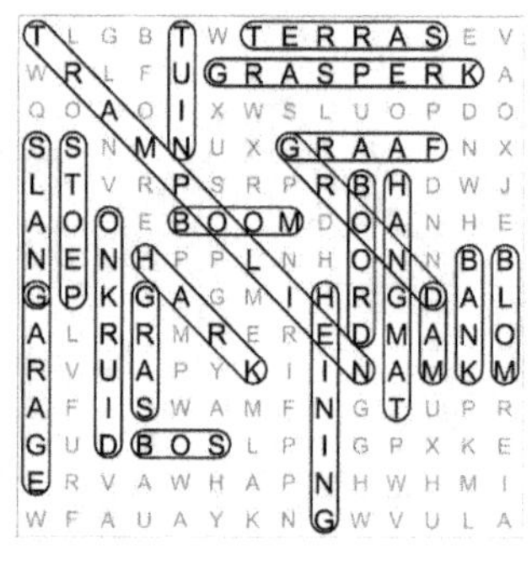

19 - Países #2

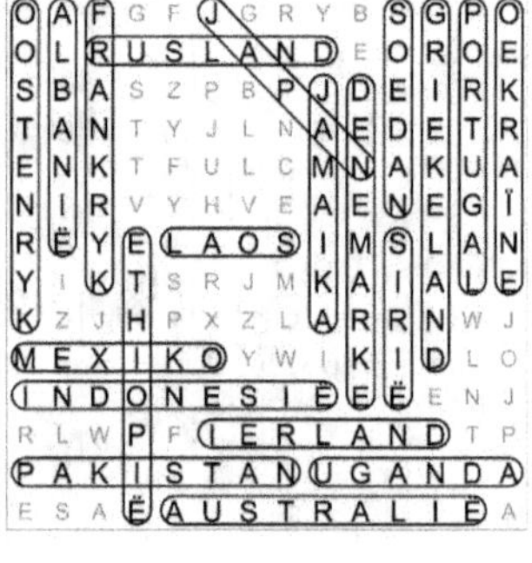

20 - Tecnología

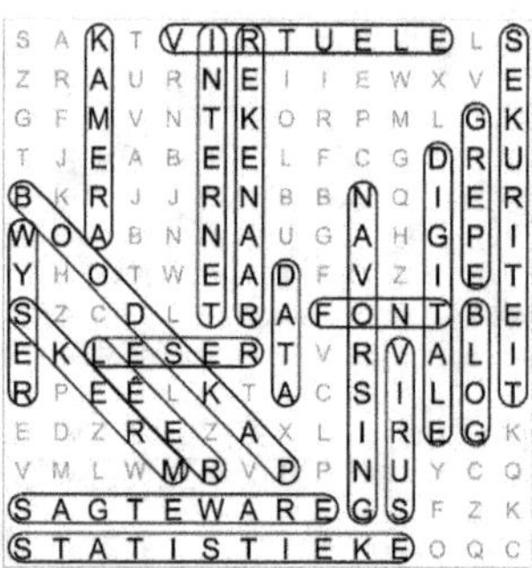

21 - Números

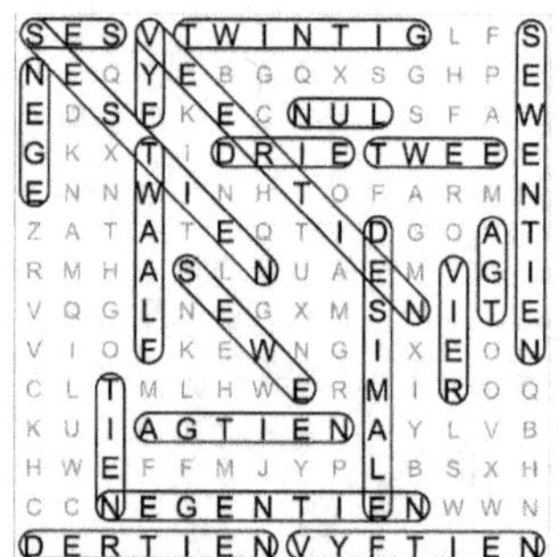

22 - Mitología

23 - Ecología

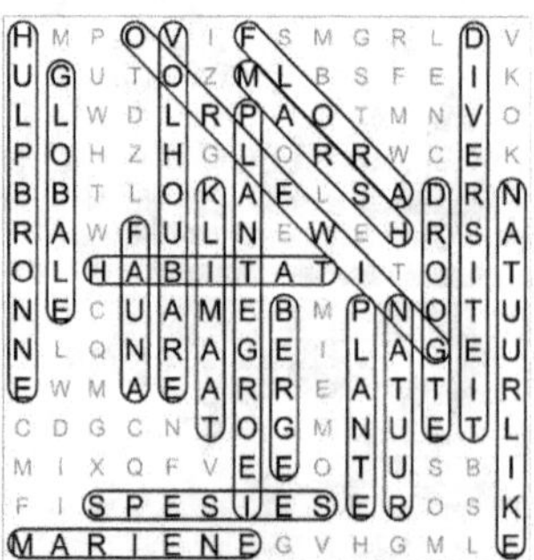

24 - Casa

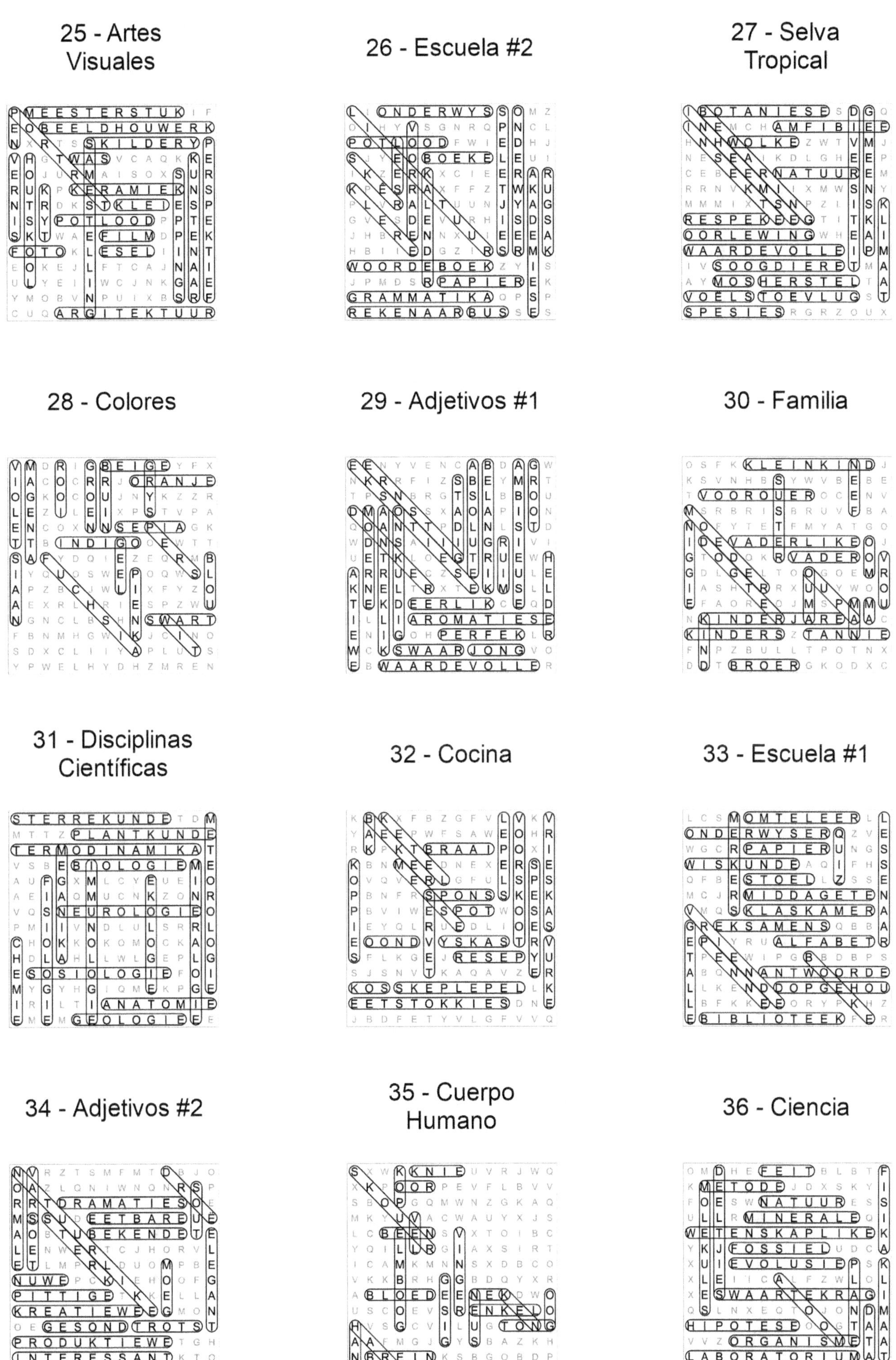
25 - Artes Visuales
26 - Escuela #2
27 - Selva Tropical
28 - Colores
29 - Adjetivos #1
30 - Familia
31 - Disciplinas Científicas
32 - Cocina
33 - Escuela #1
34 - Adjetivos #2
35 - Cuerpo Humano
36 - Ciencia

37 - Dinosaurios

38 - Restaurante #2

39 - Profesiones #1

40 - Vehículos

41 - Vacaciones #2

42 - Cumpleaños

43 - Baile

44 - Matemáticas

45 - Restaurante #1

46 - Profesiones #2

47 - Senderismo

48 - Naturaleza

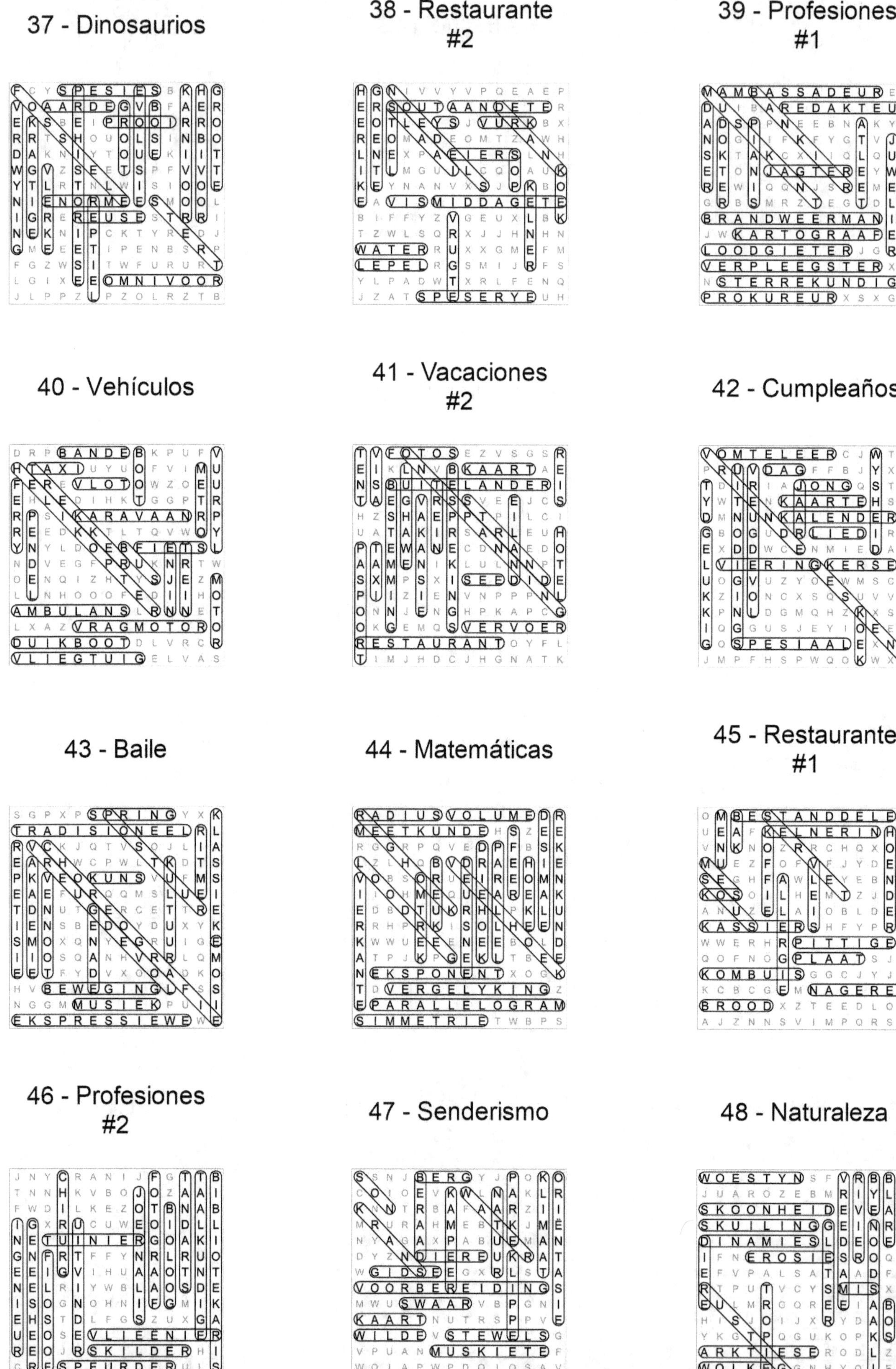

49 - Conduciendo

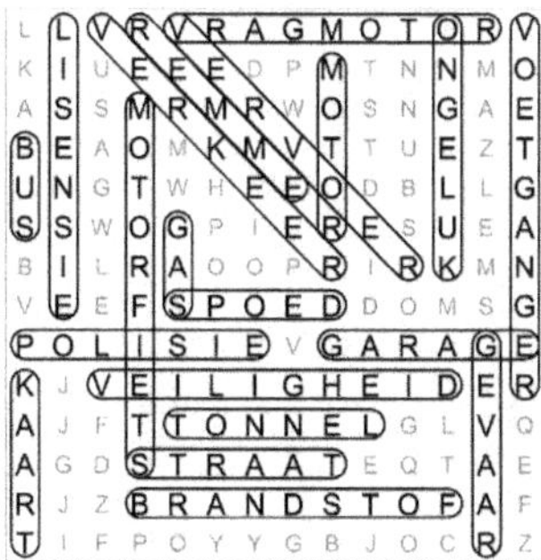

50 - Ballet

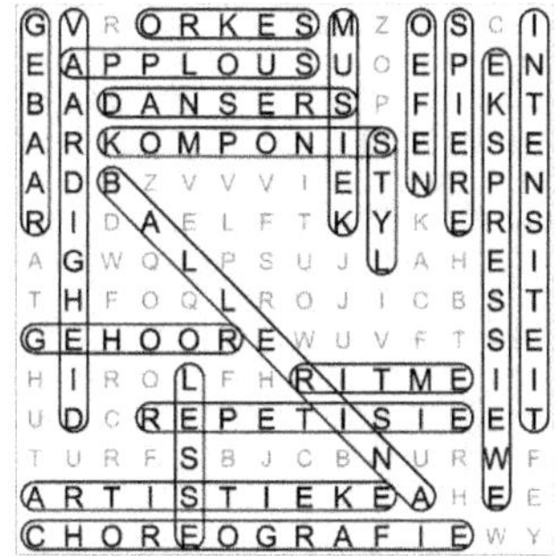

51 - Aventura

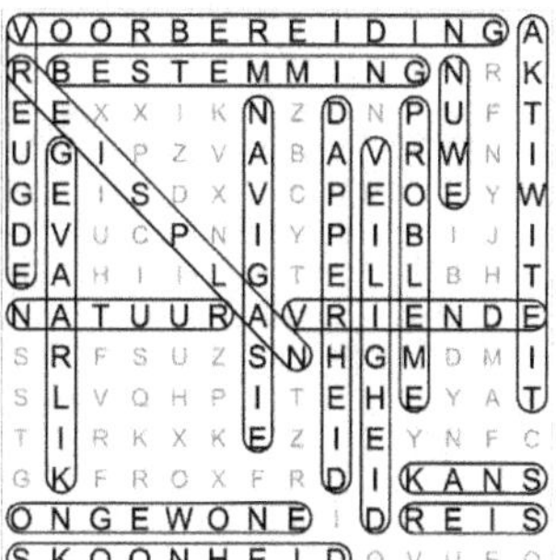

52 - Pájaros

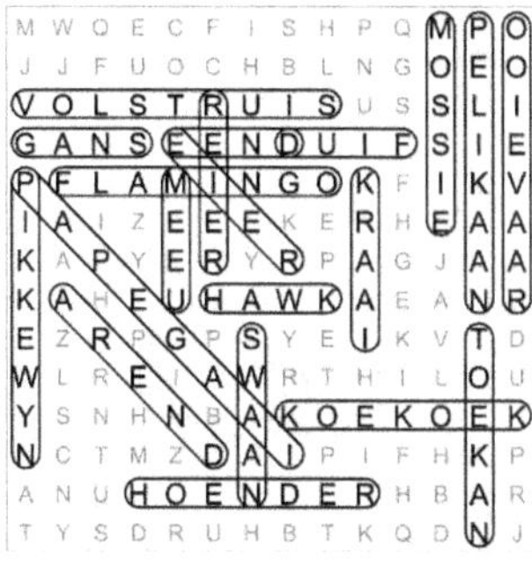

53 - Surf

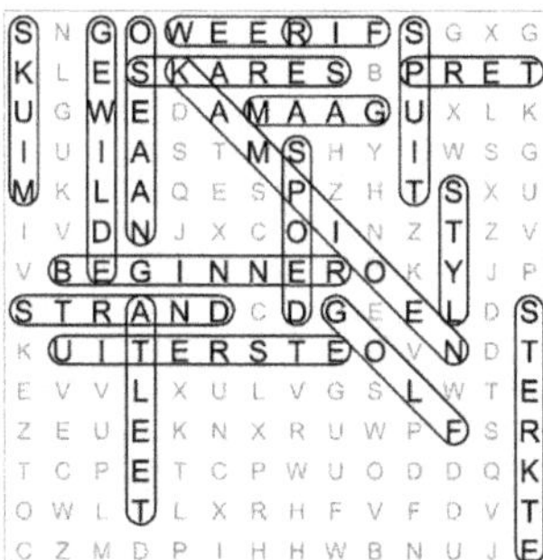

54 - Geografía

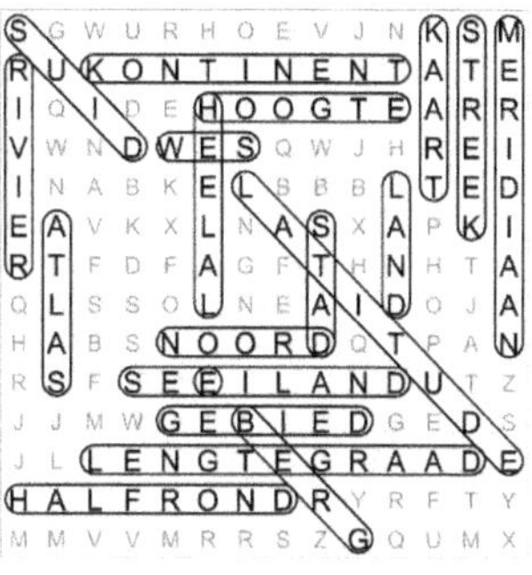

55 - Deportes

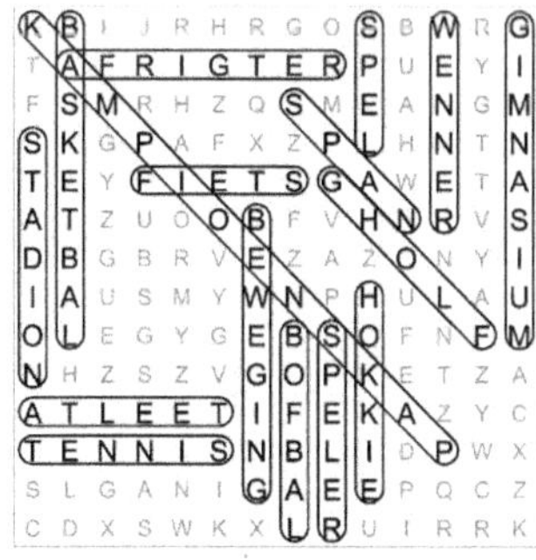

56 - Actividades

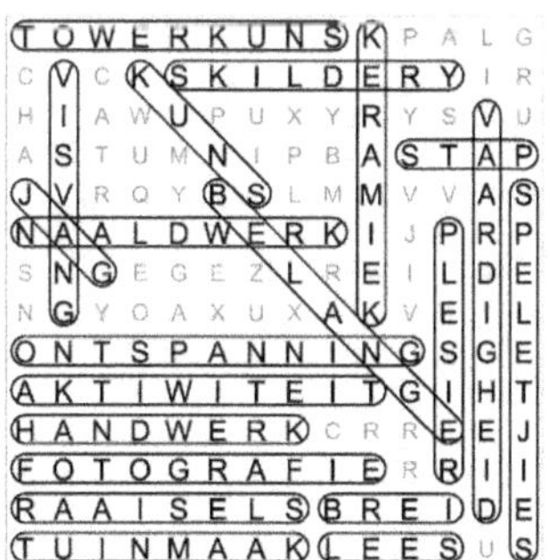

57 - Verduras

58 - Instrumentos Musicales

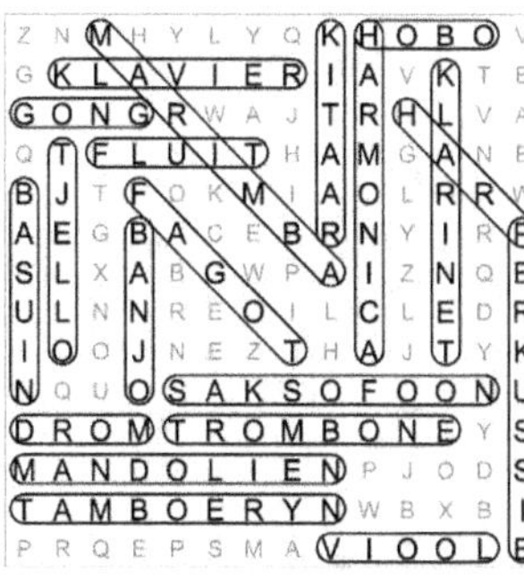

59 - Escalada

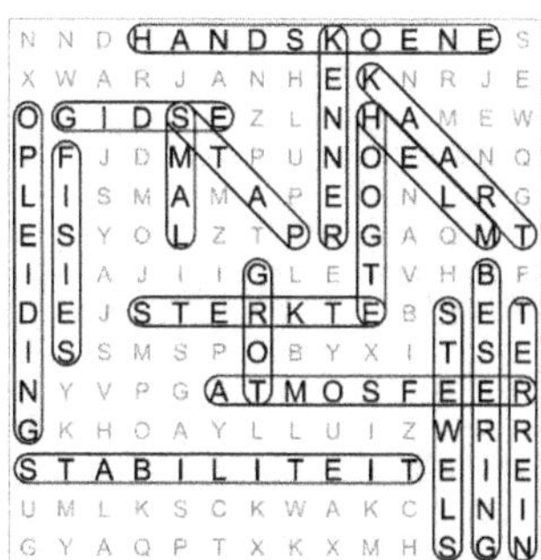

60 - Mascotas

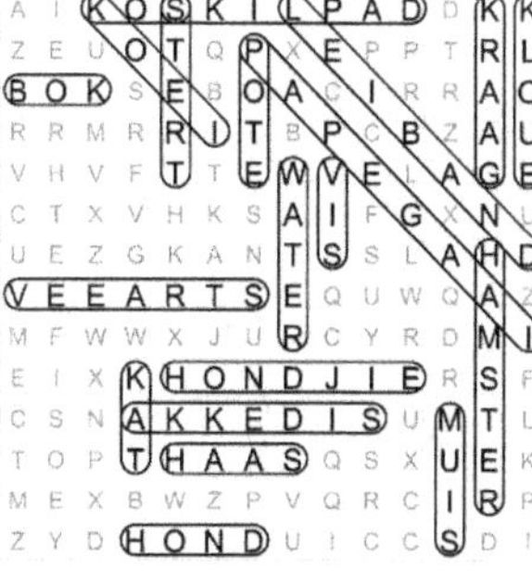

61 - Formas

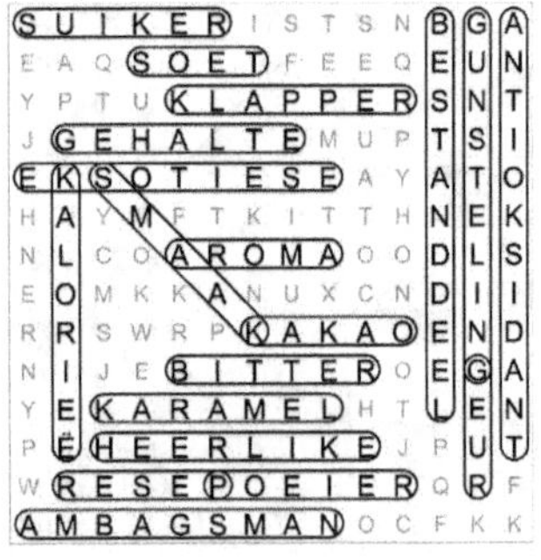

62 - Flores

63 - Astronomía

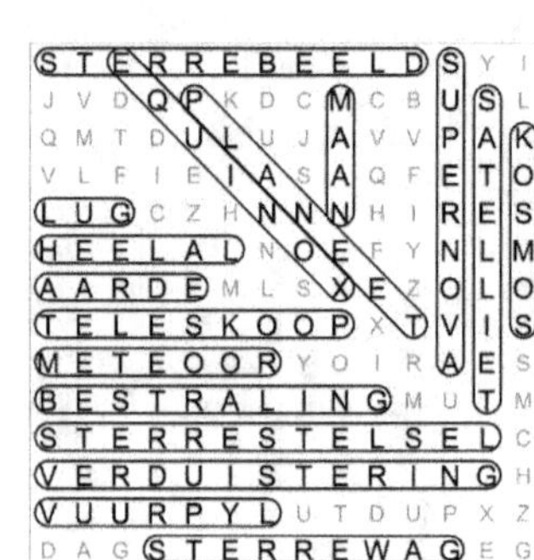

64 - Tiempo

65 - Paisajes

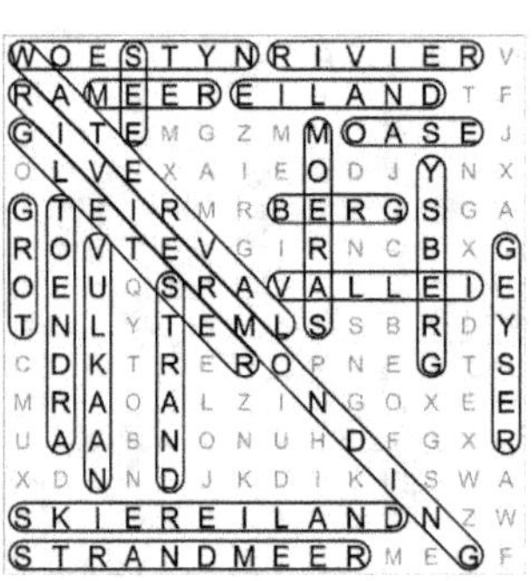

66 - Días y Meses

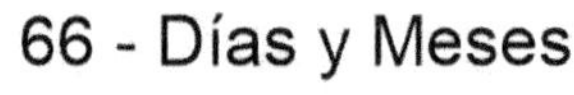
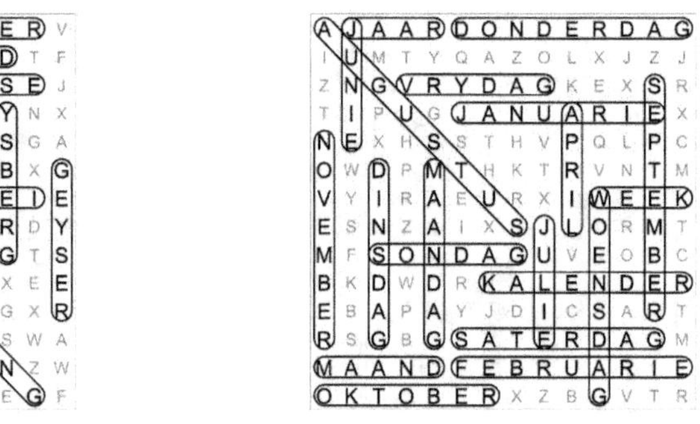

67 - Chocolate

68 - Barbacoas

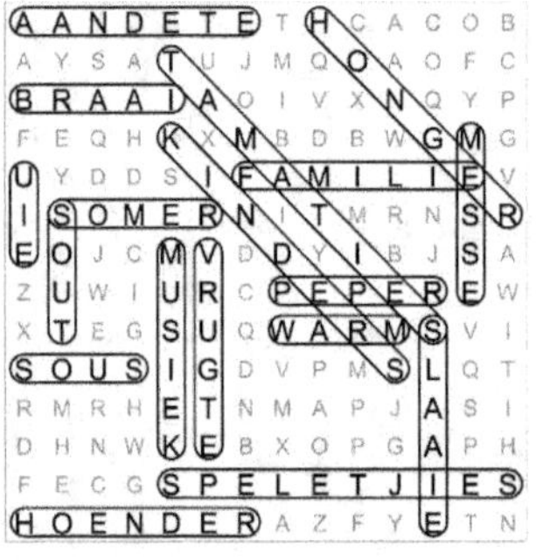

69 - Ropa

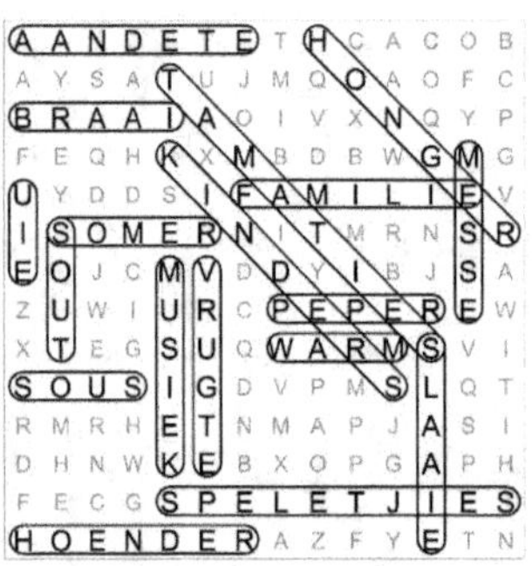

70 - Meditación

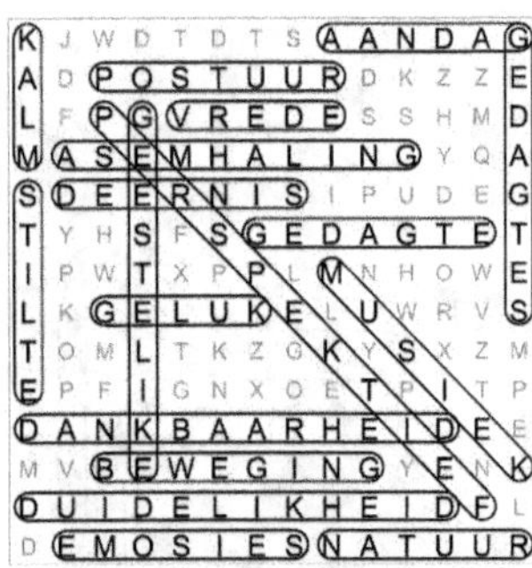

71 - Comedia

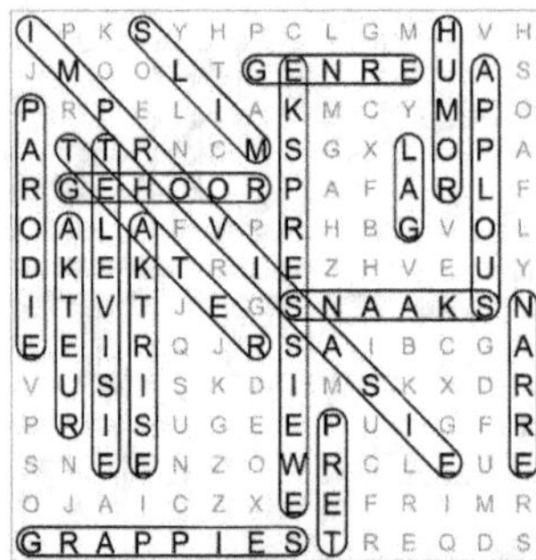

72 - Libros

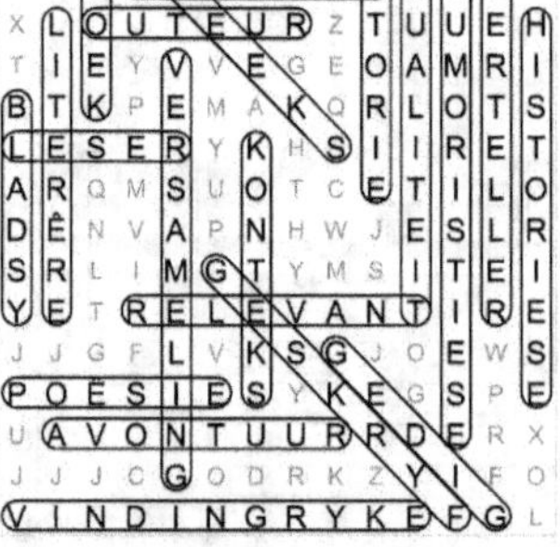

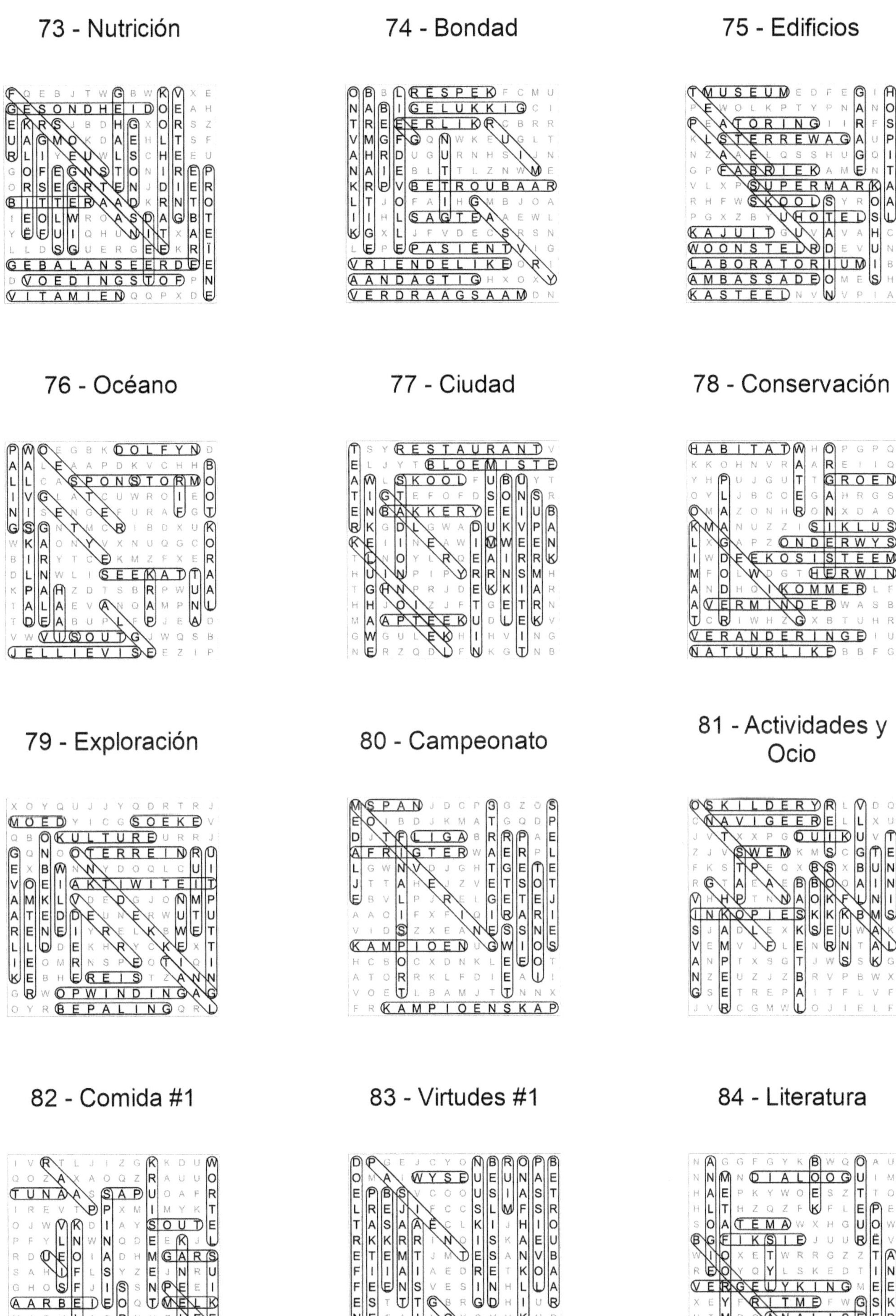

73 - Nutrición
74 - Bondad
75 - Edificios
76 - Océano
77 - Ciudad
78 - Conservación
79 - Exploración
80 - Campeonato
81 - Actividades y Ocio
82 - Comida #1
83 - Virtudes #1
84 - Literatura

85 - Baño

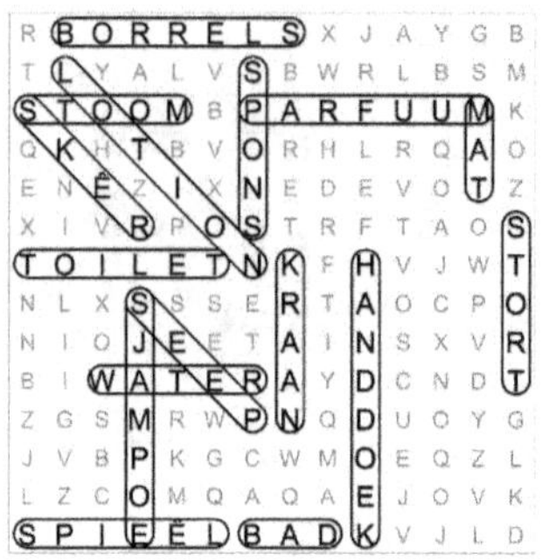

86 - Clima

87 - Comida #2

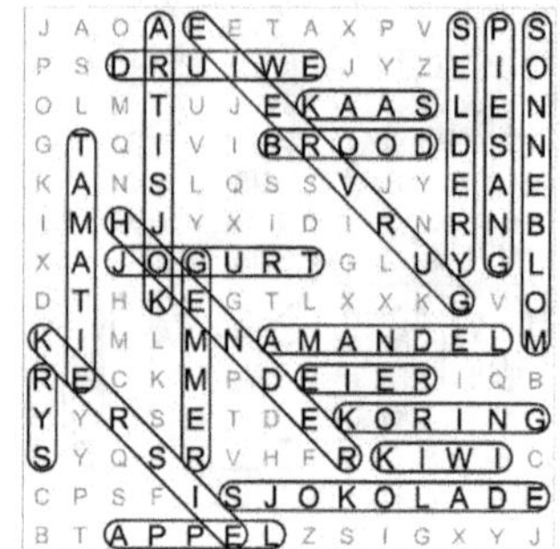

88 - Castillos

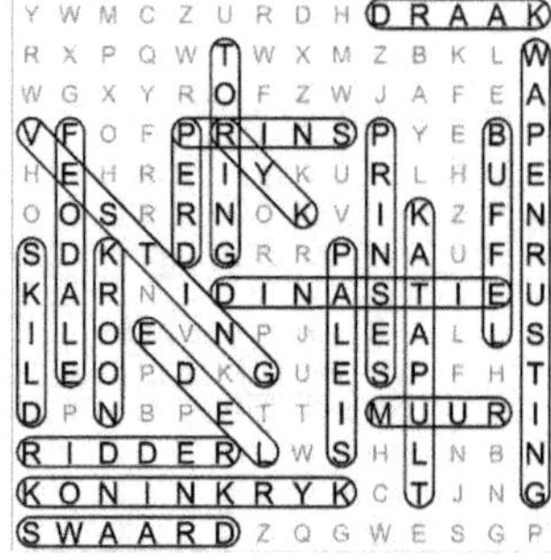

89 - Arte

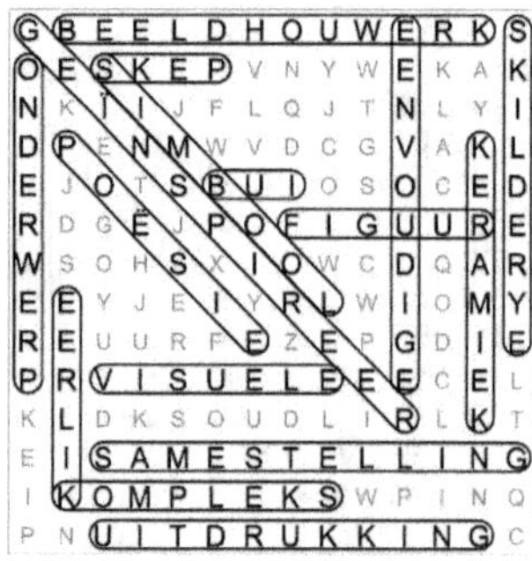

90 - Herboristería

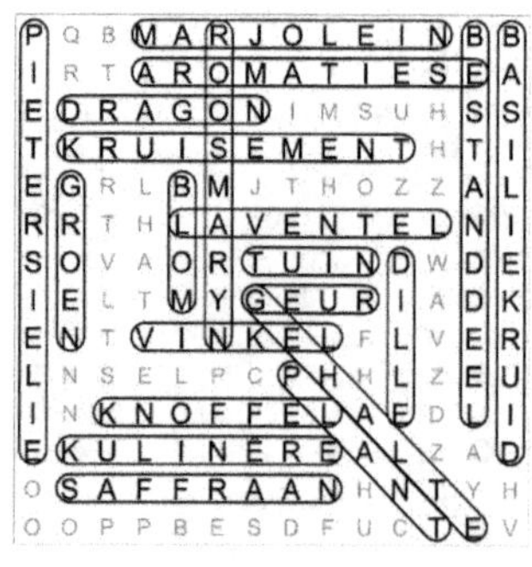

91 - Verano

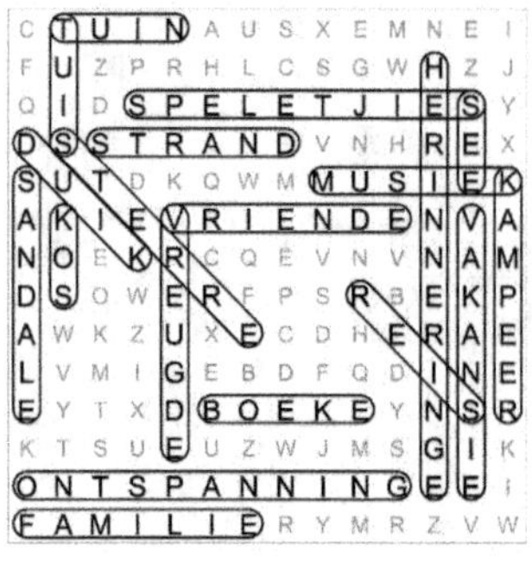

92 - Insectos

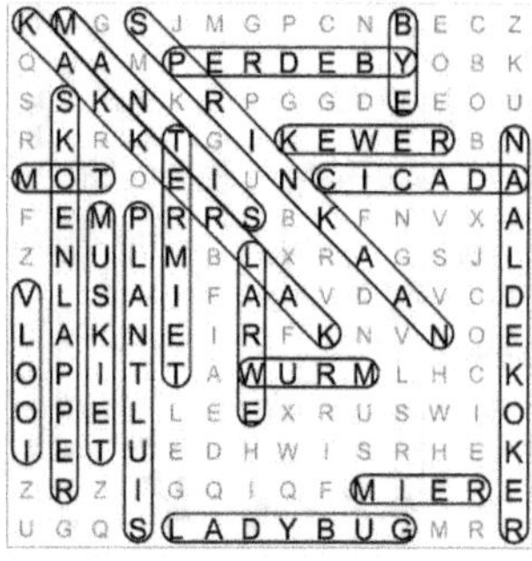

93 - Especias

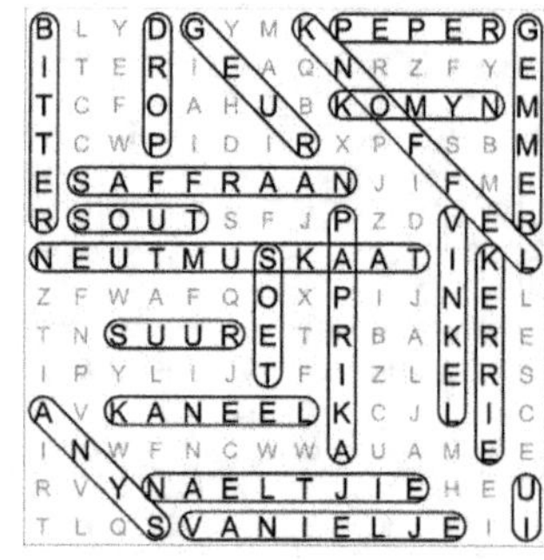

94 - Emociones

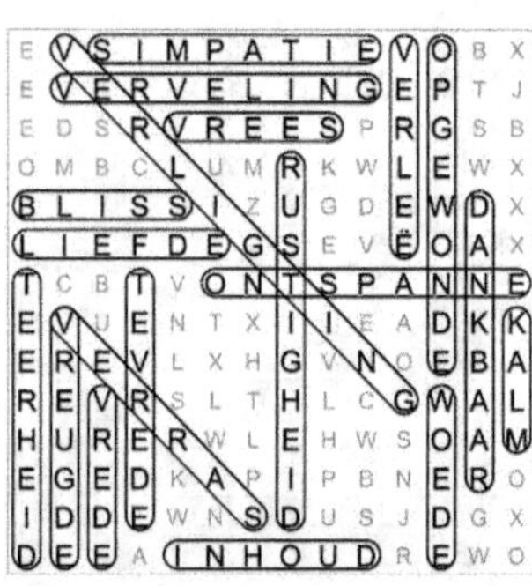

95 - Mediciones

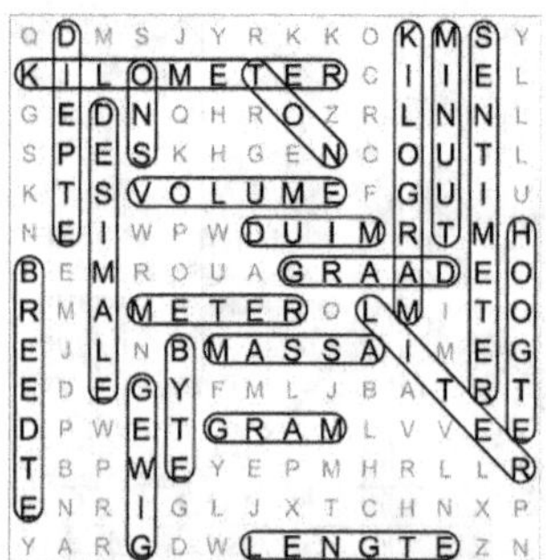

96 - Barcos

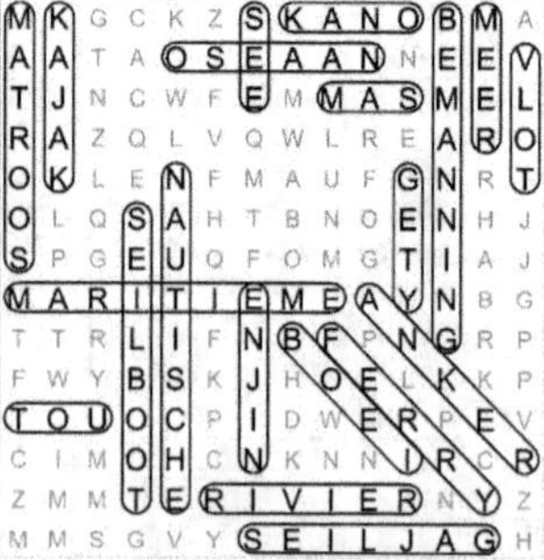

97 - Antártida

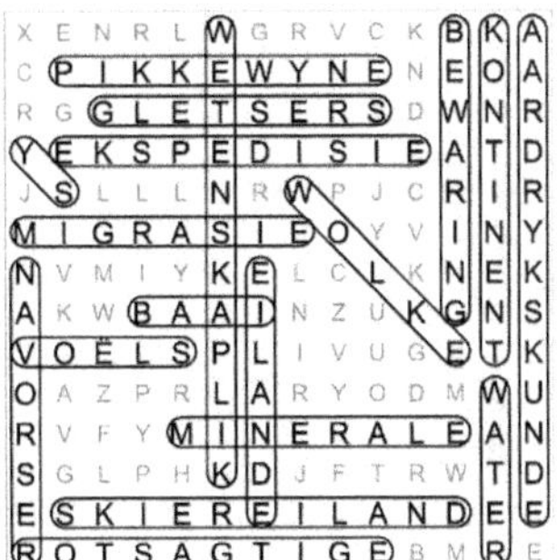

98 - Piratas

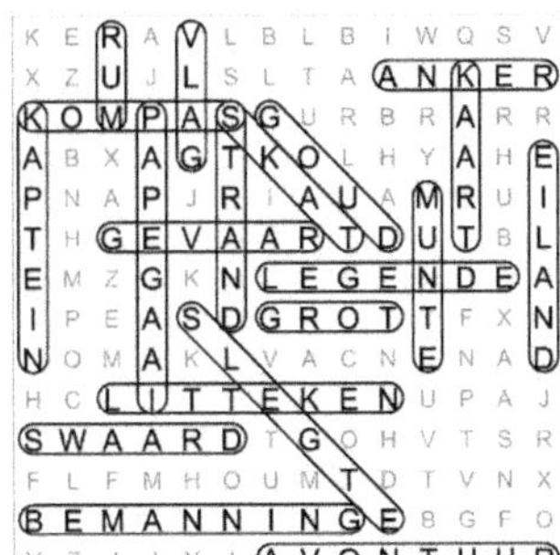

99 - Mamíferos

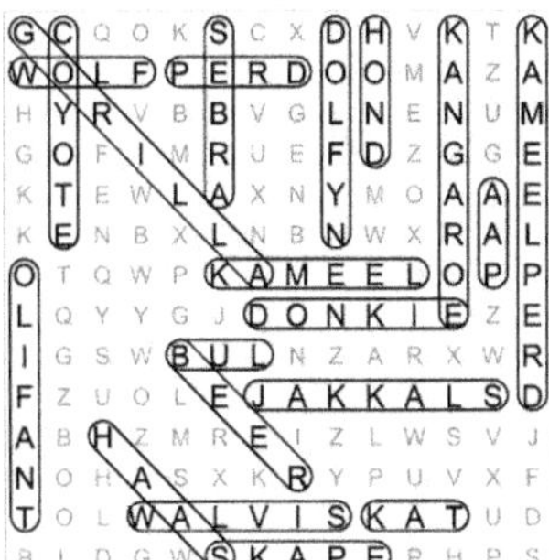

100 - Abejas

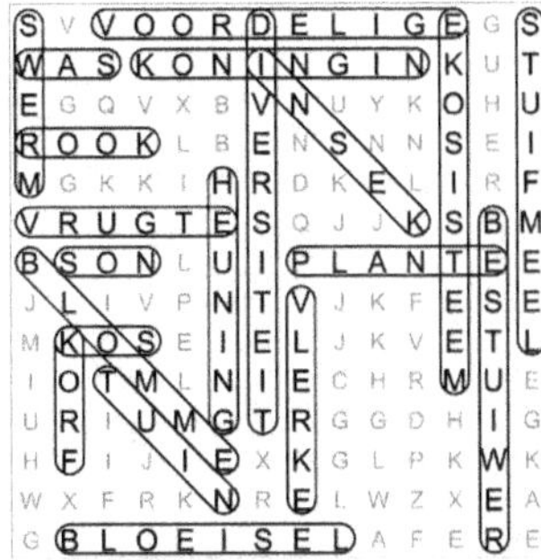

Diccionario

Abejas
Bye

Alas	Vlerke
Beneficioso	Voordelige
Cera	Was
Colmena	Korf
Comida	Kos
Diversidad	Diversiteit
Ecosistema	Ekosisteem
Enjambre	Swerm
Flor	Bloeisel
Flores	Blomme
Fruta	Vrugte
Humo	Rook
Insecto	Insek
Jardín	Tuin
Miel	Heuning
Plantas	Plante
Polen	Stuifmeel
Polinizador	Bestuiwer
Reina	Koningin
Sol	Son

Actividades
Aktiwiteite

Actividad	Aktiwiteit
Arte	Kuns
Artesanía	Handwerk
Caza	Jag
Cerámica	Keramiek
Costura	Naaldwerk
Fotografía	Fotografie
Habilidad	Vaardigheid
Intereses	Belange
Jardinería	Tuinmaak
Juegos	Speletjies
Lectura	Lees
Magia	Towerkuns
Ocio	Ontspanning
Pesca	Visvang
Pintura	Skildery
Placer	Plesier
Rompecabezas	Raaisels
Senderismo	Stap
Tejer	Brei

Actividades y Ocio
Aktiwiteite en Ontspanni

Aficiones	Stokperdjies
Arte	Kuns
Baloncesto	Basketbal
Béisbol	Bofbal
Boxeo	Boks
Buceo	Duik
Camping	Kampeer
Compras	Inkopies
Fútbol	Sokker
Golf	Gholf
Jardinería	Tuinmaak
Natación	Swem
Pesca	Visvang
Pintura	Skildery
Relajante	Ontspan
Senderismo	Stap
Surf	Navigeer
Tenis	Tennis
Viaje	Reis
Voleibol	Vlugbal

Adjetivos #1
Byvoeglike Naamwoorde #1

Absoluto	Absolute
Activo	Aktiewe
Ambicioso	Ambisieuse
Aromático	Aromatiese
Atractivo	Aantreklik
Brillante	Helder
Enorme	Groot
Exótico	Eksotiese
Generoso	Ruim
Honesto	Eerlik
Importante	Belangrik
Inocente	Onskuldig
Joven	Jong
Lento	Stadig
Moderno	Moderne
Oscuro	Donker
Perfecto	Perfek
Pesado	Swaar
Serio	Ernstig
Valioso	Waardevolle

Adjetivos #2
Byvoeglike Naamwoorde #2

Cansado	Moeg
Comestible	Eetbare
Creativo	Kreatiewe
Descriptivo	Beskrywende
Dramático	Dramaties
Dulce	Soet
Elegante	Elegant
Famoso	Bekende
Fresco	Vars
Fuerte	Sterk
Interesante	Interessant
Natural	Natuurlike
Normal	Normale
Nuevo	Nuwe
Orgulloso	Trots
Picante	Pittige
Productivo	Produktiewe
Salado	Sout
Saludable	Gesond
Seco	Droë

Agua
Water

Canal	Kanaal
Ducha	Stort
Evaporación	Verdamping
Géiser	Geiser
Helada	Ryp
Hielo	Ys
Humedad	Humiditeit
Huracán	Orkaan
Húmedo	Klam
Inundación	Vloed
Lago	Meer
Lluvia	Reën
Nieve	Sneeu
Océano	Oseaan
Olas	Golwe
Potable	Drinkbaar
Riego	Besproeiing
Río	Rivier
Vapor	Stoom

Ajedrez
Skaak

Aprender	Om te Leer
Blanco	Wit
Campeón	Kampioen
Concurso	Wedstryd
Diagonal	Diagonaal
Estrategia	Strategie
Inteligente	Slim
Juego	Spel
Jugador	Speler
Negro	Swart
Oponente	Teenstander
Pasivo	Passiewe
Puntos	Punte
Reglas	Reëls
Reina	Koningin
Rey	Koning
Sacrificio	Offer
Tiempo	Tyd
Torneo	Toernooi

Antártida
Antarktika

Agua	Water
Bahía	Baai
Científico	Wetenskaplik
Conservación	Bewaring
Continente	Kontinent
Expedición	Ekspedisie
Geografía	Aardrykskunde
Glaciares	Gletsers
Hielo	Ys
Investigador	Navorser
Islas	Eilande
Migración	Migrasie
Minerales	Minerale
Nubes	Wolke
Pájaros	Voëls
Península	Skiereiland
Pingüinos	Pikkewyne
Rocoso	Rotsagtige
Temperatura	Temperatuur
Topografía	Topografie

Arte
Kuns

Cerámica	Keramiek
Complejo	Kompleks
Composición	Samestelling
Crear	Skep
Escultura	Beeldhouwerk
Expresión	Uitdrukking
Figura	Figuur
Honesto	Eerlik
Humor	Bui
Inspirado	Geïnspireer
Original	Oorspronklike
Personal	Persoonlike
Pinturas	Skilderye
Poesía	Poësie
Retratar	Uitbeelding
Sencillo	Eenvoudige
Símbolo	Simbool
Surrealismo	Surrealisme
Tema	Onderwerp
Visual	Visuele

Artes Visuales
Visuele Kunste

Arcilla	Klei
Arquitectura	Argitektuur
Artista	Kunstenaar
Barniz	Vernis
Caballete	Esel
Carbón	Houtskool
Cera	Was
Cerámica	Keramiek
Composición	Samestelling
Creatividad	Skeppings-
Escultura	Beeldhouwerk
Fotografía	Foto
Lápiz	Potlood
Obra Maestra	Meesterstuk
Película	Film
Perspectiva	Perspektief
Pintura	Skildery
Pluma	Pen
Retrato	Portret
Tiza	Kryt

Astronomía
Sterrekunde

Asteroide	Asteroïde
Astronauta	Ruimtevaarder
Astrónomo	Sterrekundige
Cielo	Lug
Cohete	Vuurpyl
Constelación	Sterrebeeld
Cosmos	Kosmos
Eclipse	Verduistering
Equinoccio	Equinox
Galaxia	Sterrestelsel
Luna	Maan
Meteoro	Meteoor
Observatorio	Sterrewag
Planeta	Planeet
Radiación	Bestraling
Satélite	Satelliet
Supernova	Supernova
Telescopio	Teleskoop
Tierra	Aarde
Universo	Heelal

Aventura
Avontuur

Actividad	Aktiwiteit
Alegría	Vreugde
Amigos	Vriende
Belleza	Skoonheid
Destino	Bestemming
Dificultad	Probleme
Entusiasmo	Entoesiasme
Excursión	Uitstappie
Inusual	Ongewone
Itinerario	Reisplan
Naturaleza	Natuur
Navegación	Navigasie
Nuevo	Nuwe
Oportunidad	Kans
Peligroso	Gevaarlik
Preparación	Voorbereiding
Seguridad	Veiligheid
Sorprendente	Verbasend
Valentía	Dapperheid
Viajes	Reis

Aviones
Vliegtuie

Aire	Lug
Altura	Hoogte
Aterrizaje	Landing
Atmósfera	Atmosfeer
Aventura	Avontuur
Combustible	Brandstof
Construcción	Konstruksie
Dirección	Rigting
Diseño	Ontwerp
Globo	Ballon
Hélices	Skroewe
Hidrógeno	Waterstof
Historia	Geskiedenis
Inflar	Blaas
Motor	Enjin
Navegar	Navigeer
Pasajero	Passasier
Piloto	Vlieënier
Tripulación	Bemanning
Turbulencia	Turbulensie

Baile
Dans

Academia	Akademie
Alegre	Vreugdevol
Arte	Kuns
Clásico	Klassieke
Coreografía	Choreografie
Cuerpo	Liggaam
Cultura	Kultuur
Cultural	Kulturele
Emoción	Emosie
Ensayo	Repetisie
Expresivo	Ekspressiewe
Gracia	Genade
Movimiento	Beweging
Música	Musiek
Postura	Postuur
Ritmo	Ritme
Saltar	Spring
Socio	Vennoot
Tradicional	Tradisioneel
Visual	Visuele

Ballet
Ballet

Aplauso	Applous
Artístico	Artistieke
Audiencia	Gehoor
Bailarina	Ballerina
Bailarines	Dansers
Compositor	Komponis
Coreografía	Choreografie
Ensayo	Repetisie
Estilo	Styl
Expresivo	Ekspressiewe
Gesto	Gebaar
Habilidad	Vaardigheid
Intensidad	Intensiteit
Lecciones	Lesse
Músculos	Spiere
Música	Musiek
Orquesta	Orkes
Práctica	Oefen
Ritmo	Ritme
Técnica	Tegniek

Baño
Badkamer

Agua	Water
Alfombra	Mat
Aseo	Toilet
Baño	Bad
Burbujas	Borrels
Champú	Sjampoe
Ducha	Stort
Espejo	Spieël
Esponja	Spons
Grifo	Kraan
Jabón	Seep
Loción	Lotion
Perfume	Parfuum
Tijeras	Skêr
Toalla	Handdoek
Vapor	Stoom

Barbacoas
Barbecues

Almuerzo	Middagete
Caliente	Warm
Cebollas	Uie
Cena	Aandete
Cuchillos	Messe
Ensaladas	Slaaie
Familia	Familie
Fruta	Vrugte
Hambre	Honger
Juegos	Speletjies
Música	Musiek
Niños	Kinders
Parrilla	Braai
Pimienta	Peper
Pollo	Hoender
Sal	Sout
Salsa	Sous
Tomates	Tamaties
Verano	Somer
Verduras	Groente

Barcos
Bote

Ancla	Anker
Balsa	Vlot
Boya	Boei
Canoa	Kano
Cuerda	Tou
Ferry	Ferry
Kayak	Kajak
Lago	Meer
Mar	See
Marea	Gety
Marinero	Matroos
Marítimo	Maritieme
Mástil	Mas
Motor	Enjin
Náutico	Nautische
Océano	Oseaan
Río	Rivier
Tripulación	Bemanning
Velero	Seilboot
Yate	Seiljag

Bondad
Vriendelikheid

Amistoso	Vriendelike
Amoroso	Liefdevolle
Atento	Aandagtig
Compasivo	Barmhartige
Comprensión	Begrip
Feliz	Gelukkig
Fiable	Betroubaar
Generoso	Ruim
Genuino	Eg
Honesto	Eerlik
Hospitalario	Gasvry
Paciente	Pasiënt
Receptivo	Ontvanklik
Respetuoso	Respek
Suave	Sagte
Tolerante	Verdraagsaam
Útil	Nuttig

Campeonato
Kampioenskap

Campeonato	Kampioenskap
Campeón	Kampioen
Deportes	Sport
Entrenador	Afrigter
Equipo	Span
Estrategia	Strategie
Finalista	Finalis
Juegos	Speletjies
Juez	Regter
Liga	Liga
Medalla	Medalje
Motivación	Motivering
Rendimiento	Prestasie
Resistencia	Uithouvermoë
Torneo	Toernooi
Transpiración	Sweet
Victoria	Oorwinning

Camping
Kampeer

Animales	Diere
Aventura	Avontuur
Árboles	Bome
Bosque	Bos
Brújula	Kompas
Cabina	Kajuit
Canoa	Kano
Caza	Jag
Cuerda	Tou
Equipo	Toerusting
Fuego	Vuur
Hamaca	Hangmat
Insecto	Insek
Lago	Meer
Linterna	Lantern
Luna	Maan
Mapa	Kaart
Montaña	Berg
Naturaleza	Natuur
Sombrero	Hoed

Casa
Huis

Alfombra	Mat
Ático	Solder
Biblioteca	Biblioteek
Chimenea	Kaggel
Cocina	Kombuis
Dormitorio	Slaapkamer
Ducha	Stort
Escoba	Besem
Espejo	Spieël
Garaje	Garage
Grifo	Kraan
Jardín	Tuin
Lámpara	Lamp
Pared	Muur
Piso	Vloer
Puerta	Deur
Sótano	Kelder
Techo	Dak
Valla	Heining
Ventana	Venster

Castillos
Kastele

Armadura	Wapenrusting
Caballero	Ridder
Caballo	Perd
Catapulta	Katapult
Corona	Kroon
Dinastía	Dinastie
Dragón	Draak
Escudo	Skild
Espada	Swaard
Feudal	Feodale
Fortaleza	Vesting
Imperio	Ryk
Noble	Edel
Palacio	Paleis
Pared	Muur
Princesa	Prinses
Príncipe	Prins
Reino	Koninkryk
Torre	Toring
Unicornio	Buffel

Chocolate
Sjokolade

Amargo	Bitter
Antioxidante	Antioksidant
Aroma	Aroma
Artesanal	Ambagsman
Azúcar	Suiker
Cacao	Kakao
Calidad	Gehalte
Calorías	Kalorieë
Caramelo	Karamel
Coco	Klapper
Delicioso	Heerlike
Dulce	Soet
Exótico	Eksotiese
Favorito	Gunsteling
Gusto	Smaak
Ingrediente	Bestanddeel
Polvo	Poeier
Receta	Resep
Sabor	Geur

Ciencia
Wetenskap

Átomo	Atoom
Científico	Wetenskaplike
Clima	Klimaat
Datos	Data
Evolución	Evolusie
Experimento	Eksperiment
Física	Fisika
Fósil	Fossiel
Gravedad	Swaartekrag
Hecho	Feit
Hipótesis	Hipotese
Laboratorio	Laboratorium
Método	Metode
Minerales	Minerale
Moléculas	Molekules
Naturaleza	Natuur
Organismo	Organisme
Partículas	Deeltjies
Plantas	Plante
Químico	Chemiese

Ciencia Ficción
Wetenskap Fiksie

Atómico	Atoom
Cine	Teater
Distante	Verre
Explosión	Ontploffing
Extremo	Uiterste
Fantástico	Fantasties
Fuego	Vuur
Futurista	Futuristies
Galaxia	Sterrestelsel
Ilusión	Illusie
Imaginario	Denkbeeldige
Libros	Boeke
Misterioso	Geheimsinnige
Mundo	Heelal
Oráculo	Orakel
Planeta	Planeet
Realista	Realistiese
Robots	Robotte
Tecnología	Tegnologie
Utopía	Utopie

Circo
Sirkus

Acróbata	Akrobaat
Animales	Diere
Caramelo	Lekkergoed
Carpa	Tent
Desfile	Parade
Elefante	Olifant
Entretener	Vermaak
Espectador	Toeskouer
Globos	Ballonne
León	Leeu
Magia	Towerkuns
Mago	Towenaar
Malabarista	Jongleur
Mono	Aap
Mostrar	Wys
Música	Musiek
Payaso	Nar
Tigre	Tier
Traje	Kostuum
Truco	Truuk

Ciudad
Die Dorp

Aeropuerto	Lughawe
Banco	Bank
Biblioteca	Biblioteek
Clínica	Kliniek
Escuela	Skool
Estadio	Stadion
Farmacia	Apteek
Florista	Bloemiste
Galería	Galery
Hotel	Hotel
Librería	Boekwinkel
Mercado	Mark
Museo	Museum
Panadería	Bakkery
Restaurante	Restaurant
Supermercado	Supermark
Teatro	Teater
Tienda	Winkel
Universidad	Universiteit
Zoo	Dieretuin

Clima
Weer

Atmósfera	Atmosfeer
Calma	Kalm
Cielo	Lug
Clima	Klimaat
Hielo	Ys
Huracán	Orkaan
Inundación	Vloed
Monzón	Reën
Niebla	Mis
Nube	Wolk
Polar	Polêre
Rayo	Bliksem
Seco	Droog
Sequía	Droogte
Temperatura	Temperatuur
Tormenta	Storm
Tornado	Tornado
Tropical	Tropies
Trueno	Donderweer
Viento	Wind

Cocina
Kombuis

Caldera	Ketel
Comida	Kos
Congelador	Vrieskas
Cucharas	Lepels
Cucharón	Skeplepel
Cuchillos	Messe
Delantal	Voorskoot
Especias	Speserye
Esponja	Spons
Horno	Oond
Jarra	Beker
Palillos	Eetstokkies
Parrilla	Braai
Receta	Resep
Refrigerador	Yskas
Servilleta	Servet
Tarro	Pot
Tazas	Koppies
Tazón	Bak
Tenedores	Vurke

Colores
Die Kleure

Amarillo	Geel
Azul	Blou
Beige	Beige
Blanco	Wit
Cian	Siaan
Fucsia	Fuchsia
Gris	Grys
Índigo	Indigo
Magenta	Magenta
Marrón	Bruin
Naranja	Oranje
Negro	Swart
Púrpura	Pers
Rojo	Rooi
Rosa	Pienk
Sepia	Sepia
Verde	Groen
Violeta	Violet

Comedia
Komedie

Actor	Akteur
Actriz	Aktrise
Aplauso	Applous
Audiencia	Gehoor
Chistes	Grappies
Diversión	Pret
Expresivo	Ekspressiewe
Género	Genre
Gracioso	Snaaks
Humor	Humor
Improvisación	Improvisasie
Inteligente	Slim
Parodia	Parodie
Payasos	Narre
Risa	Lag
Teatro	Teater
Televisión	Televisie

Comida #1
Voedsel - #1

Ajo	Knoffel
Albahaca	Basiliekruid
Atún	Tuna
Azúcar	Suiker
Canela	Kaneel
Carne	Vleis
Cebada	Gars
Cebolla	Ui
Ensalada	Slaai
Espinacas	Spinasie
Fresa	Aarbei
Jugo	Sap
Leche	Melk
Limón	Suurlemoen
Menta	Kruisement
Nabo	Raap
Pera	Peer
Sal	Sout
Sopa	Sop
Zanahoria	Wortel

Comida #2
Voedsel - #2

Alcachofa	Artisjok
Almendra	Amandel
Apio	Seldery
Arroz	Rys
Berenjena	Elervrug
Cereza	Kersie
Chocolate	Sjokolade
Girasol	Sonneblom
Huevo	Eier
Jengibre	Gemmer
Kiwi	Kiwi
Manzana	Appel
Pan	Brood
Plátano	Piesang
Pollo	Hoender
Queso	Kaas
Tomate	Tamatie
Trigo	Koring
Uva	Druiwe
Yogur	Jogurt

Conduciendo
Bestuur

Accidente	Ongeluk
Autobús	Bus
Calle	Straat
Camión	Vragmotor
Coche	Motor
Combustible	Brandstof
Frenos	Remme
Garaje	Garage
Gas	Gas
Licencia	Lisensie
Mapa	Kaart
Motocicleta	Motorfiets
Peatonal	Voetganger
Peligro	Gevaar
Policía	Polisie
Seguridad	Veiligheid
Transporte	Vervoer
Tráfico	Verkeer
Túnel	Tonnel
Velocidad	Spoed

Conservación
Bewaring

Agua	Water
Ambiental	Omgewing
Cambios	Veranderinge
Ciclo	Siklus
Clima	Klimaat
Contaminación	Besoedeling
Ecosistema	Ekosisteem
Educación	Onderwys
Hábitat	Habitat
Natural	Natuurlike
Orgánico	Organiese
Pesticida	Plaagdoder
Preocupación	Kommer
Reciclar	Herwin
Reducir	Verminder
Salud	Gesondheid
Sostenible	Volhoubare
Verde	Groen

Cuerpo Humano
Die Menslike Liggaam

Barbilla	Ken
Boca	Mond
Cabeza	Kop
Cara	Gesig
Cerebro	Brein
Codo	Elmboog
Corazón	Hart
Cuello	Nek
Dedo	Vinger
Hombro	Skouer
Lengua	Tong
Mano	Hand
Nariz	Neus
Ojo	Oog
Oreja	Oor
Piel	Vel
Pierna	Been
Rodilla	Knie
Sangre	Bloed
Tobillo	Enkel

Cumpleaños
Verjaarsdag

Alegre	Vreugdevol
Amigos	Vriende
Año	Jaar
Aprender	Om te Leer
Calendario	Kalender
Canción	Lied
Celebración	Viering
Día	Dag
Especial	Spesiaal
Feliz	Gelukkig
Invitaciones	Uitnodigings
Joven	Jong
Partido	Partytjie
Pastel	Koek
Recuerdos	Herinneringe
Regalo	Geskenk
Sabiduría	Wysheid
Tarjetas	Kaarte
Tiempo	Tyd
Velas	Kerse

Deportes
Sport

Atleta	Atleet
Árbitro	Skeidsregter
Baloncesto	Basketbal
Béisbol	Bofbal
Bicicleta	Fiets
Campeonato	Kampioenskap
Entrenador	Afrigter
Equipo	Span
Estadio	Stadion
Ganador	Wenner
Gimnasia	Gimnastiek
Gimnasio	Gimnasium
Golf	Gholf
Hockey	Hokkie
Juego	Spel
Jugador	Speler
Movimiento	Beweging
Tenis	Tennis

Dinosaurios
Dinosourusse

Alas	Vlerke
Carnívoro	Karnivoor
Cola	Stert
Desaparición	Verdwyning
Enorme	Enorme
Especie	Spesies
Evolución	Evolusie
Fósiles	Fossiele
Grande	Groot
Herbívoro	Herbivoor
Mamut	Reuse
Omnívoro	Omnivoor
Poderoso	Kragtige
Prehistórico	Prehistoriese
Presa	Prooi
Reptil	Reptiel
Tamaño	Grootte
Tierra	Aarde
Vicioso	Bose

Disciplinas Científicas
Wetenskaplike Dissiplines

Anatomía	Anatomie
Arqueología	Argeologie
Astronomía	Sterrekunde
Biología	Biologie
Bioquímica	Biochemie
Botánica	Plantkunde
Ecología	Ekologie
Fisiología	Fisiologie
Geología	Geologie
Inmunología	Immunologie
Lingüística	Taalkunde
Mecánica	Meganika
Meteorología	Meteorologie
Mineralogía	Mineralogie
Neurología	Neurologie
Psicología	Sielkunde
Química	Chemie
Sociología	Sosiologie
Termodinámica	Termodinamika
Zoología	Dierkunde

Días y Meses
Dae en Maande

Abril	April
Agosto	Augustus
Año	Jaar
Calendario	Kalender
Domingo	Sondag
Enero	Januarie
Febrero	Februarie
Jueves	Donderdag
Julio	Julie
Junio	Junie
Lunes	Maandag
Martes	Dinsdag
Mes	Maand
Miércoles	Woensdag
Noviembre	November
Octubre	Oktober
Sábado	Saterdag
Semana	Week
Septiembre	September
Viernes	Vrydag

Ecología
Ekologie

Clima	Klimaat
Comunidades	Gemeenskappe
Diversidad	Diversiteit
Especie	Spesies
Fauna	Fauna
Flora	Flora
Global	Globale
Hábitat	Habitat
Marino	Mariene
Montañas	Berge
Natural	Natuurlike
Naturaleza	Natuur
Pantano	Marsh
Plantas	Plante
Recursos	Hulpbronne
Sequía	Droogte
Sostenible	Volhoubare
Supervivencia	Oorlewing
Vegetación	Plantegroei
Voluntarios	Vrywilligers

Edificios
Geboue

Albergue	Koshuis
Apartamento	Woonstel
Cabina	Kajuit
Castillo	Kasteel
Embajada	Ambassade
Escuela	Skool
Estadio	Stadion
Fábrica	Fabriek
Garaje	Garage
Granero	Skuur
Granja	Plaas
Hospital	Hospitaal
Hotel	Hotel
Laboratorio	Laboratorium
Museo	Museum
Observatorio	Sterrewag
Supermercado	Supermark
Teatro	Teater
Torre	Toring
Universidad	Universiteit

Emociones
Emosies

Aburrimiento	Verveling
Agradecido	Dankbaar
Alegría	Vreugde
Alivio	Verligting
Amor	Liefde
Avergonzado	Verleë
Beatitud	Bliss
Calma	Kalm
Contenido	Inhoud
Emocionado	Opgewonde
Ira	Woede
Miedo	Vrees
Paz	Vrede
Relajado	Ontspanne
Satisfecho	Tevrede
Simpatía	Simpatie
Sorpresa	Verras
Ternura	Teerheid
Tranquilidad	Rustigheid
Tristeza	Hartseer

Escalada
Klim

Altitud	Hoogte
Atmósfera	Atmosfeer
Botas	Stewels
Casco	Helm
Cueva	Grot
Estabilidad	Stabiliteit
Estrecho	Smal
Experto	Kenner
Físico	Fisies
Formación	Opleiding
Fuerza	Sterkte
Guantes	Handskoene
Guías	Gidse
Lesión	Besering
Mapa	Kaart
Senderismo	Stap
Terreno	Terrein

Escuela #1
Skool #1

Alfabeto	Alfabet
Almuerzo	Middagete
Amigos	Vriende
Aprender	Om te Leer
Aula	Klaskamer
Biblioteca	Biblioteek
Carpetas	Dopgehou
Escritorio	Lessenaar
Examen	Quiz
Exámenes	Eksamens
Lápiz	Potlood
Libros	Boeke
Marcadores	Merkers
Matemática	Wiskunde
Números	Getalle
Papel	Papier
Plumas	Penne
Profesor	Onderwyser
Respuestas	Antwoorde
Silla	Stoel

Escuela #2
Skool #2

Académico	Akademiese
Autobús	Bus
Biblioteca	Biblioteek
Calendario	Kalender
Ciencia	Wetenskap
Diccionario	Woordeboek
Educación	Onderwys
Gramática	Grammatika
Juegos	Speletjies
Lápiz	Potlood
Lectura	Lees
Libros	Boeke
Literatura	Literatuur
Mochila	Rugsak
Ordenador	Rekenaar
Papel	Papier
Profesor	Onderwyser
Ropa	Klere
Suministros	Voorrade
Tijeras	Skêr

Especias

Speserye

Agrio	Suur
Ajo	Knoffel
Amargo	Bitter
Anís	Anys
Azafrán	Saffraan
Canela	Kaneel
Cebolla	Ui
Clavo	Naeltjie
Comino	Komyn
Curry	Kerrie
Dulce	Soet
Hinojo	Vinkel
Jengibre	Gemmer
Nuez Moscada	Neutmuskaat
Pimentón	Paprika
Pimienta	Peper
Regaliz	Drop
Sabor	Geur
Sal	Sout
Vainilla	Vanielje

Exploración

Eksplorasie

Actividad	Aktiwiteit
Agotamiento	Uitputting
Animales	Diere
Aprender	Om te Leer
Búsqueda	Soeke
Coraje	Moed
Culturas	Kulture
Desconocido	Onbekend
Descubrimiento	Ontdekking
Determinación	Bepaling
Distante	Verre
Emoción	Opwinding
Espacio	Ruimte
Idioma	Taal
Nuevo	Nuwe
Peligroso	Gevaarlik
Salvaje	Wilde
Terreno	Terrein
Viaje	Reis

Familia

Familie

Abuela	Ouma
Abuelo	Oupa
Antepasado	Voorouer
Esposa	Vrou
Hermana	Suster
Hermano	Broer
Hija	Dogter
Infancia	Kinderjare
Madre	Ma
Marido	Man
Materno	Moeder
Nieto	Kleinkind
Niño	Kind
Niños	Kinders
Padre	Vader
Paterno	Vaderlike
Sobrina	Niggie
Sobrino	Neef
Tía	Tannie
Tío	Oom

Flores

Blomme

Amapola	Papawer
Caléndula	Calendula
Diente de León	Paardebloem
Gardenia	Gardenia
Girasol	Sonneblom
Hibisco	Hibiskus
Jazmín	Jasmyn
Lavanda	Laventel
Lila	Lila
Lirio	Lelie
Magnolia	Magnolia
Margarita	Madeliefie
Orquídea	Orgidee
Pasionaria	Passieblom
Peonía	Pioen
Pétalo	Blomblare
Ramo	Boeket
Rosa	Rose
Trébol	Klawer
Tulipán	Tulp

Formas

Vorms

Arco	Lnr
Bordes	Kante
Cilindro	Silinder
Círculo	Sirkel
Cono	Keël
Cuadrado	Vierkante
Cubo	Kubus
Curva	Kurwe
Elipse	Ellips
Esfera	Sfeer
Esquina	Hoek
Hipérbola	Hiperbool
Lado	Kant
Línea	Lyn
Oval	Ovaal
Pirámide	Piramide
Polígono	Veelhoek
Prisma	Prisma
Rectángulo	Reghoek
Triángulo	Driehoek

Fruta

Vrugte

Aguacate	Avokado
Albaricoque	Appelkoos
Baya	Bessie
Cereza	Kersie
Coco	Klapper
Frambuesa	Framboos
Guayaba	Koejawel
Kiwi	Kiwi
Limón	Suurlemoen
Mango	Mango
Manzana	Appel
Melocotón	Perske
Melón	Spanspek
Naranja	Oranje
Nectarina	Nektarien
Papaya	Papaja
Pera	Peer
Piña	Pynappel
Plátano	Piesang
Uva	Druiwe

Geografía
Aardrykskunde

Altitud	Hoogte
Atlas	Atlas
Ciudad	Stad
Continente	Kontinent
Hemisferio	Halfrond
Isla	Eiland
Latitud	Latitude
Longitud	Lengtegraad
Mapa	Kaart
Mar	See
Meridiano	Meridiaan
Montaña	Berg
Mundo	Heelal
Norte	Noord
Oeste	Wes
País	Land
Región	Streek
Río	Rivier
Sur	Suid
Territorio	Gebied

Geología
Geologie

Ácido	Suur
Calcio	Kalsium
Capa	Laag
Caverna	Grot
Continente	Kontinent
Coral	Koraal
Cristales	Kristalle
Cuarzo	Kwarts
Erosión	Erosie
Estalactita	Stalaktiet
Estalagmitas	Stalagmiete
Fósil	Fossiel
Géiser	Geyser
Lava	Lava
Meseta	Plato
Minerales	Minerale
Piedra	Klip
Sal	Sout
Terremoto	Aardbewing
Volcán	Vulkaan

Granja #1
Plaas #1

Abeja	Bye
Agricultura	Landbou
Agua	Water
Arroz	Rys
Burro	Donkie
Caballo	Perd
Cabra	Bok
Campo	Veld
Cuervo	Kraai
Fertilizante	Kunsmis
Gato	Kat
Heno	Hooi
Miel	Heuning
Perro	Hond
Pollo	Hoender
Semillas	Sade
Ternero	Kalf
Tierra	Land
Vaca	Koei
Valla	Heining

Granja #2
Plaas #2

Agricultor	Boer
Animales	Diere
Cebada	Gars
Colmena	Byekorf
Comida	Kos
Cordero	Lam
Fruta	Vrugte
Granero	Skuur
Huerto	Boord
Leche	Melk
Llama	Llama
Maduro	Ryp
Oveja	Skape
Pastor	Herder
Pato	Eend
Prado	Weide
Riego	Besproeiing
Tractor	Trekker
Trigo	Koring
Vegetal	Groente

Herboristería
Kruiemedisyne

Ajo	Knoffel
Albahaca	Basiliekruid
Aromático	Aromatiese
Azafrán	Saffraan
Calidad	Gehalte
Culinario	Kulinêre
Eneldo	Dille
Estragón	Dragon
Flor	Blom
Hinojo	Vinkel
Ingrediente	Bestanddeel
Jardín	Tuin
Lavanda	Laventel
Mejorana	Marjolein
Menta	Kruisement
Perejil	Pietersielie
Planta	Plant
Romero	Roosmaryn
Sabor	Geur
Verde	Groen

Insectos
Insekte

Abeja	Bye
Avispa	Perdeby
Áfido	Plantluis
Cigarra	Cicada
Cucaracha	Kakkerlak
Escarabajo	Kewer
Gusano	Wurm
Hormiga	Mier
Larva	Larwe
Libélula	Naaldekoker
Mantis	Mantis
Mariposa	Skoenlapper
Mariquita	Ladybug
Mosquito	Muskiet
Polilla	Mot
Pulga	Vlooi
Saltamontes	Sprinkaan
Termita	Termiet

Instrumentos Musicales
Musikale Instrumente

Armónica	Harmonica
Arpa	Harp
Banjo	Banjo
Clarinete	Klarinet
Fagot	Fagot
Flauta	Fluit
Gong	Gong
Guitarra	Kitaar
Mandolina	Mandolien
Marimba	Marimba
Oboe	Hobo
Pandereta	Tamboeryn
Percusión	Perkussie
Piano	Klavier
Saxofón	Saksofoon
Tambor	Drom
Trombón	Trombone
Trompeta	Basuin
Violín	Viool
Violonchelo	Tjello

Jardín
Tuin

Arbusto	Bos
Árbol	Boom
Banco	Bank
Césped	Grasperk
Estanque	Dam
Flor	Blom
Garaje	Garage
Hamaca	Hangmat
Hierba	Gras
Huerto	Boord
Jardín	Tuin
Malezas	Onkruid
Manguera	Slang
Pala	Graaf
Porche	Stoep
Rastrillo	Hark
Suelo	Grond
Terraza	Terras
Trampolín	Trampolien
Valla	Heining

Juguetes
Speelgoed

Ajedrez	Skaak
Arcilla	Klei
Artesanía	Handwerk
Avión	Vliegtuig
Barco	Boot
Bicicleta	Fiets
Bola	Bal
Camión	Vragmotor
Coche	Motor
Cometa	Vlieër
Favorito	Gunsteling
Imaginación	Verbeelding
Juegos	Speletjies
Libros	Boeke
Muñeca	Pop
Pinturas	Verf
Robot	Robot
Rompecabezas	Legkaart
Tambores	Dromme
Tren	Trein

Libros
Boeke

Autor	Outeur
Aventura	Avontuur
Colección	Versameling
Contexto	Konteks
Dualidad	Dualiteit
Escrito	Geskryf
Historia	Storie
Histórico	Historiese
Humorístico	Humoristiese
Inventivo	Vindingryke
Lector	Leser
Literario	Literêre
Narrador	Verteller
Novela	Boek
Página	Bladsy
Pertinente	Relevant
Poema	Gedig
Poesía	Poësie
Serie	Reeks
Trágico	Tragies

Literatura
Letterkunde

Analogía	Analogie
Análisis	Analise
Anécdota	Anekdote
Autor	Outeur
Biografía	Biografie
Comparación	Vergelyking
Descripción	Beskrywing
Diálogo	Dialoog
Estilo	Styl
Ficción	Fiksie
Metáfora	Metafoor
Narrador	Verteller
Novela	Boek
Opinión	Opinie
Poema	Gedig
Poético	Poëtiese
Rima	Rym
Ritmo	Ritme
Tema	Tema
Tragedia	Tragedie

Mamíferos
Soogdiere

Ballena	Walvis
Burro	Donkie
Caballo	Perd
Camello	Kameel
Canguro	Kangaroe
Cebra	Sebra
Conejo	Haas
Coyote	Coyote
Delfín	Dolfyn
Elefante	Olifant
Gato	Kat
Gorila	Gorilla
Jirafa	Kameelperd
Lobo	Wolf
Mono	Aap
Oso	Beer
Oveja	Skape
Perro	Hond
Toro	Bul
Zorro	Jakkals

Mascotas
Troeteldiere

Agua	Water
Cabra	Bok
Cachorro	Hondjie
Cola	Stert
Collar	Kraag
Comida	Kos
Conejo	Haas
Correa	Leiband
Garras	Kloue
Gato	Kat
Hámster	Hamster
Lagarto	Akkedis
Loro	Papegaai
Patas	Pote
Perro	Hond
Pescado	Vis
Ratón	Muis
Tortuga	Skilpad
Vaca	Koei
Veterinario	Veearts

Matemáticas
Wiskunde

Aritmética	Rekenkunde
Ángulos	Hoeke
Cuadrado	Vierkante
Decimal	Desimale
Diámetro	Deursnee
Ecuación	Vergelyking
Esfera	Sfeer
Exponente	Eksponent
Fracción	Breuk
Geometría	Meetkunde
Paralelo	Parallel
Paralelogramo	Parallelogram
Perímetro	Omtrek
Perpendicular	Loodreg
Polígono	Veelhoek
Radio	Radius
Rectángulo	Reghoek
Simetría	Simmetrie
Triángulo	Driehoek
Volumen	Volume

Mediciones
Metings

Altura	Hoogte
Ancho	Breedte
Byte	Byte
Centímetro	Sentimeter
Decimal	Desimale
Grado	Graad
Gramo	Gram
Kilogramo	Kilogram
Kilómetro	Kilometer
Litro	Liter
Longitud	Lengte
Masa	Massa
Metro	Meter
Minuto	Minuut
Onza	Ons
Peso	Gewig
Profundidad	Diepte
Pulgada	Duim
Tonelada	Ton
Volumen	Volume

Meditación
Meditasie

Aceptación	Aanvaarding
Atención	Aandag
Calma	Kalm
Claridad	Duidelikheid
Compasión	Deernis
Emociones	Emosies
Felicidad	Geluk
Gratitud	Dankbaarheid
Mental	Geestelike
Mente	Gedagte
Movimiento	Beweging
Música	Musiek
Naturaleza	Natuur
Observación	Waarneming
Paz	Vrede
Pensamientos	Gedagtes
Perspectiva	Perspektief
Postura	Postuur
Respiración	Asemhaling
Silencio	Stilte

Mitología
Mitologie

Arquetipo	Argetipe
Celos	Jaloesie
Comportamiento	Gedrag
Creación	Skepping
Creencias	Oortuigings
Criatura	Skepsel
Cultura	Kultuur
Deidades	Gode
Desastre	Ramp
Fuerza	Sterkte
Guerrero	Kryger
Heroína	Heldin
Héroe	Held
Laberinto	Labirint
Leyenda	Legende
Monstruo	Monster
Mortal	Sterflike
Rayo	Weerlig
Trueno	Donderweer
Venganza	Wraak

Mueble
Meubels

Alfombra	Mat
Almohada	Kussing
Banco	Bank
Cama	Bed
Cojines	Kussings
Colchón	Matras
Cortinas	Gordyne
Edredones	Troosters
Escritorio	Lessenaar
Espejo	Spieël
Estantería	Boekrak
Estantes	Rakke
Futón	Futon
Hamaca	Hangmat
Lámpara	Lamp
Silla	Stoel
Sillón	Leunstoel

Naturaleza
Die Natuur

Abejas	Bye
Animales	Diere
Ártico	Arktiese
Belleza	Skoonheid
Bosque	Bos
Desierto	Woestyn
Dinámico	Dinamies
Erosión	Erosie
Follaje	Blare
Glaciar	Gletser
Niebla	Mis
Nubes	Wolke
Pacífico	Vreedsame
Refugio	Skuiling
Río	Rivier
Salvaje	Wilde
Santuario	Heiligdom
Sereno	Rustige
Tropical	Tropies
Vital	Noodsaaklik

Nutrición
Voeding

Amargo	Bitter
Apetito	Eetlus
Calidad	Gehalte
Calorías	Kalorieë
Carbohidratos	Koolhidrate
Cereales	Graan
Comestible	Eetbare
Dieta	Dieet
Digestión	Vertering
Equilibrado	Gebalanseerde
Fermentación	Fermentasie
Nutriente	Voedingstof
Peso	Gewig
Proteínas	Proteïene
Sabor	Geur
Salsa	Sous
Salud	Gesondheid
Saludable	Gesond
Toxina	Gifstof
Vitamina	Vitamien

Números
Nommers

Catorce	Veertien
Cero	Nul
Cinco	Vyf
Cuatro	Vier
Decimal	Desimale
Diecinueve	Negentien
Dieciocho	Agtien
Dieciséis	Sestien
Diecisiete	Sewentien
Diez	Tien
Doce	Twaalf
Dos	Twee
Nueve	Nege
Ocho	Agt
Quince	Vyftien
Seis	Ses
Siete	Sewe
Trece	Dertien
Tres	Drie
Veinte	Twintig

Océano
Oseaan

Alga	Alge
Anguila	Paling
Arrecife	Rif
Atún	Tuna
Ballena	Walvis
Barco	Boot
Camarón	Garnale
Cangrejo	Krap
Coral	Koraal
Delfín	Dolfyn
Esponja	Spons
Mareas	Getye
Medusa	Jellievis
Ostra	Oester
Pescado	Vis
Pulpo	Seekat
Sal	Sout
Tiburón	Haai
Tormenta	Storm
Tortuga	Skilpad

Paisajes
Landskappe

Cascada	Waterval
Cueva	Grot
Desierto	Woestyn
Estuario	Riviermonding
Géiser	Geyser
Glaciar	Gletser
Iceberg	Ysberg
Isla	Eiland
Lago	Meer
Laguna	Strandmeer
Mar	See
Montaña	Berg
Oasis	Oase
Pantano	Moeras
Península	Skiereiland
Playa	Strand
Río	Rivier
Tundra	Toendra
Valle	Vallei
Volcán	Vulkaan

Países #2
Lande #2

Albania	Albanië
Australia	Australië
Austria	Oostenryk
Dinamarca	Denemarke
Etiopía	Ethiopië
Francia	Frankryk
Grecia	Griekeland
Indonesia	Indonesië
Irlanda	Ierland
Jamaica	Jamaika
Japón	Japan
Laos	Laos
México	Mexiko
Pakistán	Pakistan
Portugal	Portugal
Rusia	Rusland
Siria	Sirië
Sudán	Soedan
Ucrania	Oekraïne
Uganda	Uganda

Pájaros
Voëls

Avestruz	Volstruis
Águila	Arend
Cigüeña	Ooievaar
Cisne	Swaan
Cuco	Koekoek
Cuervo	Kraai
Flamenco	Flamingo
Ganso	Gans
Garza	Reier
Gaviota	Meeu
Gorrión	Mossie
Halcón	Hawk
Huevo	Eier
Loro	Papegaai
Paloma	Duif
Pato	Eend
Pelícano	Pelikaan
Pingüino	Pikkewyn
Pollo	Hoender
Tucán	Toekan

Pesca
Visvang

Agua	Water
Aletas	Vinne
Barco	Boot
Branquias	Kiewe
Cable	Draad
Cebo	Aas
Cesta	Mandjie
Cocinar	Kook
Equipo	Toerusting
Exageración	Oordrywing
Gancho	Haak
Lago	Meer
Mandíbula	Kakebeen
Océano	Oseaan
Paciencia	Geduld
Peso	Gewig
Playa	Strand
Río	Rivier
Temporada	Seisoen

Piratas
Seerowers

Ancla	Anker
Aventura	Avontuur
Bandera	Vlag
Brújula	Kompas
Capitán	Kaptein
Cicatriz	Litteken
Cueva	Grot
Espada	Swaard
Isla	Eiland
Leyenda	Legende
Loro	Papegaai
Malo	Slegte
Mapa	Kaart
Monedas	Munte
Oro	Goud
Peligro	Gevaar
Playa	Strand
Ron	Rum
Tesoro	Skat
Tripulación	Bemanning

Plantas
Plante

Árbol	Boom
Bambú	Bamboes
Baya	Bessie
Bosque	Bos
Botánica	Plantkunde
Cactus	Kaktus
Fertilizante	Kunsmis
Flor	Blom
Flora	Flora
Follaje	Blare
Frijol	Boontjie
Hiedra	Klimop
Hierba	Gras
Hoja	Blad
Jardín	Tuin
Musgo	Mos
Pétalo	Blomblare
Raíz	Wortel
Sol	Son
Vegetación	Plantegroei

Profesiones #1
Beroepe #1

Abogado	Prokureur
Astrónomo	Sterrekundige
Atleta	Atleet
Bailarín	Danser
Banquero	Bankier
Bombero	Brandweerman
Cartógrafo	Kartograaf
Cazador	Jagter
Doctor	Dokter
Editor	Redakteur
Embajador	Ambassadeur
Enfermera	Verpleegster
Entrenador	Afrigter
Fontanero	Loodgieter
Geólogo	Geoloog
Joyero	Juwelier
Músico	Musikant
Pianista	Pianis
Psicólogo	Sielkundige
Veterinario	Veearts

Profesiones #2
Beroepe #2

Astronauta	Ruimtevaarder
Bibliotecario	Bibliotekaris
Biólogo	Bioloog
Cirujano	Chirurg
Dentista	Tandarts
Detective	Speurder
Filósofo	Filosoof
Fotógrafo	Fotograaf
Ilustrador	Illustreerder
Ingeniero	Ingenieur
Inventor	Uitvinder
Investigador	Navorser
Jardinero	Tuinier
Lingüista	Taalkundige
Médico	Geneesheer
Periodista	Joernalis
Piloto	Vlieënier
Pintor	Skilder
Profesor	Onderwyser
Zoólogo	Dierkundige

Rellenar
Om te Vul

Bandeja	Skinkbord
Bañera	Bad
Barril	Vat
Bolsillo	Sak
Botella	Bottel
Caja	Boks
Cajón	Laai
Carpeta	Gids
Cartón	Karton
Cesta	Mandjie
Cubo	Emmer
Jarrón	Vaas
Maleta	Tas
Paquete	Pakkie
Sobre	Koevert
Tarro	Pot
Tubo	Buis

Restaurante #1
Restaurant #1

Alergia	Allergie
Café	Koffie
Cajero	Kassier
Camarera	Kelnerin
Carne	Vleis
Cocina	Kombuis
Comida	Kos
Cuchillo	Mes
Ingredientes	Bestanddele
Menú	Menu
Pan	Brood
Picante	Pittige
Plato	Plaat
Pollo	Hoender
Postre	Nagereg
Reserva	Bespreking
Salsa	Sous
Servilleta	Servet
Tazón	Bak

Restaurante #2
Restaurant #2

Agua	Water
Almuerzo	Middagete
Bebida	Drank
Camarero	Kelner
Cena	Aandete
Cuchara	Lepel
Delicioso	Heerlike
Ensalada	Slaai
Especias	Speserye
Fideos	Noedels
Fruta	Vrugte
Hielo	Ys
Huevos	Eiers
Pastel	Koek
Pescado	Vis
Sal	Sout
Silla	Stoel
Sopa	Sop
Tenedor	Vurk
Verduras	Groente

Ropa
Klere

Abrigo	Jas
Blusa	Bloes
Bufanda	Serp
Camisa	Hemp
Chaqueta	Baadjie
Cinturón	Gordel
Collar	Halssnoer
Delantal	Voorskoot
Falda	Rok
Guantes	Handskoene
Joyas	Juweliersware
Moda	Mode
Pantalones	Broek
Pijama	Pajamas
Pulsera	Armband
Sandalias	Sandale
Sombrero	Hoed
Suéter	Trui
Vestido	Aantrek
Zapato	Skoen

Selva Tropical
Reënwoud

Anfibios	Amfibieë
Botánico	Botaniese
Clima	Klimaat
Comunidad	Gemeenskap
Diversidad	Diversiteit
Especie	Spesies
Indígena	Inheemse
Insectos	Insekte
Mamíferos	Soogdiere
Musgo	Mos
Naturaleza	Natuur
Nubes	Wolke
Pájaros	Voëls
Preservación	Bewaring
Refugio	Toevlug
Respeto	Respek
Restauración	Herstel
Supervivencia	Oorlewing
Valioso	Waardevolle

Senderismo
Stap

Acantilado	Krans
Agua	Water
Animales	Diere
Botas	Stewels
Camping	Kampeer
Cansado	Moeg
Clima	Klimaat
Cumbre	Beraad
Guías	Gidse
Mapa	Kaart
Montaña	Berg
Mosquitos	Muskiete
Naturaleza	Natuur
Orientación	Oriëntasie
Parques	Parke
Pesado	Swaar
Piedras	Klippe
Preparación	Voorbereiding
Salvaje	Wilde
Sol	Son

Suministros de Arte
Kunsbenodigdhede

Aceite	Olie
Acrílico	Akriel
Acuarelas	Waterverf
Agua	Water
Arcilla	Klei
Borrador	Uitveër
Caballete	Esel
Cámara	Kamera
Cepillos	Borsels
Colores	Kleure
Creatividad	Kreatiwiteit
Ideas	Idees
Lápices	Potlode
Mesa	Tabel
Papel	Papier
Pasteles	Pastel
Pegamento	Gom
Pinturas	Verf
Silla	Stoel
Tinta	Ink

Surf
Branderplankry

Arrecife	Rif
Atleta	Atleet
Campeón	Kampioen
Clima	Weer
Diversión	Pret
Espuma	Skuim
Estilo	Styl
Estómago	Maag
Extremo	Uiterste
Fuerza	Sterkte
Multitudes	Skares
Océano	Oseaan
Ola	Golf
Playa	Strand
Popular	Gewilde
Principiante	Beginner
Rociar	Spuit
Velocidad	Spoed

Tecnología
Tegnologie

Archivo	Lêer
Blog	Blog
Bytes	Grepe
Cámara	Kamera
Cursor	Wyser
Datos	Data
Digital	Digitale
Estadísticas	Statistieke
Fuente	Font
Internet	Internet
Investigación	Navorsing
Mensaje	Boodskap
Navegador	Leser
Ordenador	Rekenaar
Pantalla	Skerm
Seguridad	Sekuriteit
Software	Sagteware
Virtual	Virtuele
Virus	Virus

Tiempo
Tyd

Ahora	Nou
Antes	Voor
Anual	Jaarlikse
Año	Jaar
Ayer	Gister
Calendario	Kalender
Década	Dekade
Día	Dag
Futuro	Toekoms
Hora	Uur
Hoy	Vandag
Mañana	Oggend
Mediodía	Middag
Mes	Maand
Minuto	Minuut
Momento	Oomblik
Noche	Nag
Reloj	Klok
Semana	Week
Siglo	Eeu

Tipos de Cabello
Hare Tipes

Blanco	Wit
Brillante	Blink
Calvo	Kaal
Corto	Kort
Delgada	Dun
Gris	Grys
Grueso	Dik
Largo	Lank
Marrón	Bruin
Negro	Swart
Ondulado	Golwende
Plata	Silwer
Rizado	Krullerige
Rizos	Krulle
Rubio	Blond
Saludable	Gesond
Seco	Droë
Suave	Sagte
Trenzado	Gevleg
Trenzas	Vlegsels

Vacaciones #2
Vakansie #2

Aeropuerto	Lughawe
Carpa	Tent
Destino	Bestemming
Extranjero	Buitelander
Fotos	Foto'S
Hotel	Hotel
Isla	Eiland
Mapa	Kaart
Mar	See
Ocio	Ontspanning
Pasaporte	Paspoort
Playa	Strand
Reservas	Besprekings
Restaurante	Restaurant
Taxi	Taxi
Transporte	Vervoer
Tren	Trein
Vacaciones	Vakansie
Viaje	Reis
Visa	Visa

Vehículos
Voertuie

Ambulancia	Ambulans
Autobús	Bus
Avión	Vliegtuig
Balsa	Vlot
Barco	Boot
Bicicleta	Fiets
Camión	Vragmotor
Caravana	Karavaan
Coche	Motor
Cohete	Vuurpyl
Ferry	Ferry
Helicóptero	Helikopter
Lanzadera	Pendel
Metro	Metro
Motor	Enjin
Neumáticos	Bande
Submarino	Duikboot
Taxi	Taxi
Tractor	Trekker
Tren	Trein

Verano
Somer

Alegría	Vreugde
Amigos	Vriende
Buceo	Duik
Camping	Kampeer
Comida	Kos
Estrellas	Sterre
Familia	Familie
Hogar	Tuis
Jardín	Tuin
Juegos	Speletjies
Libros	Boeke
Mar	See
Música	Musiek
Ocio	Ontspanning
Playa	Strand
Recuerdos	Herinneringe
Sandalias	Sandale
Vacaciones	Vakansie
Viaje	Reis

Verduras
Groente

Ajo	Knoffel
Alcachofa	Artisjok
Apio	Seldery
Berenjena	Eiervrug
Brócoli	Broccoli
Calabaza	Pampoen
Cebolla	Ui
Ensalada	Slaai
Espinacas	Spinasie
Guisante	Ertjie
Jengibre	Gemmer
Nabo	Raap
Oliva	Olyf
Patata	Aartappel
Pepino	Komkommer
Perejil	Pietersielie
Rábano	Radys
Seta	Sampioen
Tomate	Tamatie
Zanahoria	Wortel

Virtudes #1
Deugde #1

Apasionado	Passievol
Artístico	Artistieke
Bien	Goeie
Curioso	Nuuskierig
Decisivo	Beslissend
Eficiente	Doeltreffend
Encantador	Sjarmant
Fiable	Betroubaar
Generoso	Ruim
Gracioso	Snaaks
Independiente	Onafhanklik
Inteligente	Intelligente
Limpio	Skoon
Modesto	Beskeie
Paciente	Pasiënt
Práctico	Praktiese
Sabio	Wyse
Útil	Nuttig

Enhorabuena

Lo has conseguido!

Esperamos que hayas disfrutado de este libro tanto como nosotros al diseñarlo. Nos esforzamos por crear libros de la máxima calidad posible.
Esta edición está diseñada para proporcionar un aprendizaje inteligente, de calidad y divertido!

¿Te ha gustado este libro?

Una Petición Sencilla

Estos libros existen gracias a las reseñas que se publican.
¿Podrías ayudarnos dejando una reseña ahora?
Aquí tienes un breve enlace a la página de reseñas

BestBooksActivity.com/Opiniones50

¡DESAFÍO FINAL!

Reto n°1

¿Estás listo para tu juego gratis? Los utilizamos siempre, pero no son tan fáciles de encontrar. ¡Aquí están los **Sinónimos!**
Escribe 5 palabras que hayas encontrado en los rompecabezas (#21, #36, #76) y trata de encontrar 2 sinónimos para cada palabra.

Escriba 5 palabras del **Puzzle 21**

Palabras	Sinónimo 1	Sinónimo 2

Escriba 5 palabras del **Puzzle 36**

Palabras	Sinónimo 1	Sinónimo 2

Escriba 5 palabras del **Puzzle 76**

Palabras	Sinónimo 1	Sinónimo 2

Reto n°2

Ahora que te has calentado, escribe 5 palabras que hayas encontrado en los Puzzles 9, 17 y 25 e intenta encontrar 2 antónimos para cada palabra. ¿Cuántos puedes encontrar en 20 minutos?

*Escriba 5 palabras del **Puzzle 9***

Palabras	Antónimo 1	Antónimo 2

*Escriba 5 palabras del **Puzzle 17***

Palabras	Antónimo 1	Antónimo 2

*Escriba 5 palabras del **Puzzle 25***

Palabras	Antónimo 1	Antónimo 2

Reto n°3

¡Genial! Este desafío final 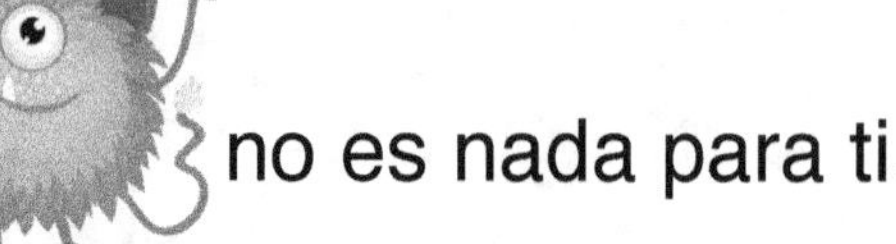 no es nada para ti.

¿Preparado para el reto final? Elige 10 palabras que hayas descubierto en los diferentes rompecabezas y escríbelas a continuación.

1.	6.
2.	7.
3.	8.
4.	9.
5.	10.

Ahora escribe un texto pensando en una persona, un animal o un lugar que te guste.

Puedes usar la última página de este libro como borrador.

Tu Composición:

CUADERNO DE NOTAS :

HASTA PRONTO !

Todo el Equipo

DESCUBRA
JUEGOS
GRATIS
GO
BESTACTIVITYBOOKS.COM/FREEGAMES